哈囉！

我們的名字是莎拉和索妮雅。全世界最喜歡的東西就是大自然了，當然包括森林（許多年前我們決定成為林業工程師，不是沒有原因的！）我們深知保育森林是何等重要的事，如此一來，森林才能夠繼續照顧林中所有的生命。隨著你在本書繼續探索下去，你會發現森林中的萬物皆彼此連結，而且我們所有人也都與森林有所聯繫；我們需要森林才可以活下去。

有一天散步的時候，我們遇見了希薇亞。我們馬上發覺她跟我倆很像（不只是頭髮很像！），她不只熱愛森林，也是個科學家，非常喜歡質疑各種事物、觀察、做實驗並找出自己的結論。我們就是那個時候決定撰寫本書的。我倆心想，從前我們在其他教授和研究員、鄉村的居民和其他書本上學到了很多東西（除了森林，我們也熱愛書籍），那麼現在輪到我們與各位分享我們的知識了。因此，我們問希薇亞是否有意願擔任這本書字裡行間的嚮導，她也覺得這個主意棒極了。事實上，小時候我們就想寫一本像這樣的書了。這本書中的一切都與現實世界中是一樣的，你

黑刺李

在書中發現的東西，到森林中也看得到，反之亦然。
事實上，我們畫了超過 180 種動物和植物物種！你將會
在這本書中看見關於森林的點點滴滴，等閱讀完最後一頁
後，你也會變成專家。此外，我們在每一頁中都留下
了許多細節、線索，你可以完成屬於自己
的科學研究。但我們不會問（至少不會一
直問）：你得自己找到這些線索，自己對
自己拋出疑問，自己推論發生了什麼事。你
會發現這麼做非常好玩，像極了扮演偵探。
別忘了，還有希薇亞在這裡助你一臂之力。
順帶一提，你可以用任何你想要的章節順
序閱讀這本書。若你突然感到十萬火急，
需要在其他書中或網路上查詢關於某物的
更多資訊……恭喜你！這意味著你已經
開始用科學家的方式思考了！

那麼，我們開始吧！

山楂

血薔薇

懸鉤子

365 日，天天都是森林日

鉤粉蝶

歐鼠李

一年之中的任何一天幾乎都可以去森林走走。

沒有不適合的時候，只有不合適的衣著。

背上你的背包，

而且務必穿上一雙好鞋，

做好準備面對你即將在森林中看見、觸摸、嗅聞和聆聽的一切。

你不曉得存在於森林中的東西可多著呢！

若運氣很好，有個非常瞭解植物的人陪同你一起前往，

那麼甚至還能夠探索森林中的某些滋味。

知更鳥

歐洲花楸

芍藥

狐狸

膠薔

報春花

蝌蚪

苔

草莓

蕁麻

松樹

栓菌

歐洲栗

庇里牛斯櫟

山楂

西方狍

歐洲馬鹿

棕熊

雞油菌

犬薔薇

牛肝菌

懸鉤子

毒蠅傘

刺蝟

黑刺李

一種蝮蛇科的毒蛇

歐洲栗

蝙蝠

普通鵐

夜鶯

櫟樹

蒲公英

老鼠

接骨木（莢骨消）

香蒲

蚊子

蟋蟀

青蛙

伶鼬

睡鼠

藍山雀

樺樹

歐洲山毛櫸

兔子

水仙

松樹

渡鴉

歐洲狗獾（足跡）

全世界
絕大部分
的森林

有些樹木還挺怕冷的，有些樹木則需要相當潮濕的環境；
因此，越接近南北極、登上高山或者遠離海洋，
森林的樣貌也都大不相同。
也有一些樹木對於土壤類型非常挑剔，
有些樹木則僅生存於某片大陸或某個區域。
此外，打從千萬年前開始，我們人類已開始恣意改造森林。

你呢？你是誰的？

有些物種是外來種。這意味著它們來自其他地方，出於經濟利益，或者因為長得美麗，而被引入新的地方。它們可能會挾帶一些疾病，對它們自身來說並不嚴重，但對原生物種而言（打從數千年前便開始生存於那個地方的物種）可能會演變成大麻煩。有些外來物種會變成入侵物種。並不是說它們是外星物種，而是表示它們遷移至原生的自然植被上。

蟹蛺草

含羞草

雨林

附生植物

10

泥炭地

柳樹

9

巨嘴鳥

灌木林

金雀花

荊豆

8

紅樹林

7

仙人掌林

6

先走一步啦，掰囉！

冰河時期森林為了不被凍死，進行了大遷徙。這麼說並不表示樹木在地球四處跑來跑去……而是說它們朝四面八方發散種子。這些種子只會在氣候更加炎熱的地方發芽，只會在這些地方繁衍後代。冰河時期結束後，它們又回到原本的地方。從前生存於歐洲和亞洲的許多物種碰上高山或海洋阻擋，無法往下躲到氣候更為溫和的區域，然後就滅絕了。相反地，許多美洲的物種能夠遷徙到氣候炎熱的地方，因此，現在那裡的物種較為多樣，打個比方，美洲的櫟樹種類就比較多。

我們當前經歷著氣候變遷，導致某些物種無法在一般的棲息地生存，也開始朝著氣候更為涼爽且潮濕的地帶移動。

萬物皆連結在一起！

德國自然科學家亞歷山大·馮·洪保德（Alexander von Humboldt）是首位研究山區植被分布的人，也首先發覺到森林會隨著地點不同而有所變化。他也率先注意到森林砍伐會導致氣候改變，而且經濟、政治和社會對氣候環境有著巨大的影響。

你看，這還真荒唐：洪保德早在兩個世紀前就提出這個見解，但非得要到現在我們之中才開始有人把他的話當作一回事！

針葉林

混合林

歐洲赤松

鐵線蓮

開葉林

樺樹

我非得要跑到大老遠的地方，才發現這件事……

北美紅櫟

德埃薩人造混農林牧場 編註

猢猻木

稀樹草原

編註：德埃薩（Dehesa）為伊比利半島特殊的人造生態系，外觀看起來和非洲的稀樹草原很類似，但實際上樹木都是種植的殼斗科植物，林下也栽種許多穀物並且飼養牛羊等牲畜於其中。

所有的
樹木
皆大不同

每一棵樹都有著相同的部分：一根樹幹、樹枝、樹葉、樹根、花……
但每一棵樹都不一樣。
千百萬年來，樹木適應了形形色色的氣候和掠食者，
現今全世界有超過六萬種不同的樹。
此外，每個樹木物種之中，每一棵樹木個體都是獨一無二的，
就跟我們一樣！

就像是感情最融洽的一家人

瑞典博物學家卡爾・林奈發現不同的植物之間有親戚關係，並設計了一套分類系統，稍微梳理了它們的關係。從此每個植物都有了姓氏（表示它們的屬）和一個名字（代表它們的種）。但是，這些姓名是用拉丁文命名的，因此我們通常以俗名來稱呼植物，就像是用綽號叫它們，而且每個村莊之間的叫法也時常不同。舉例來說，庇里牛斯櫟（*Quercus pyrenaica*）在西班牙文中有許多種稱其為橡樹或者櫟樹的字（roble、melojo 或者 rebollo）。而夏櫟（*Quercus robur*）則被我們用 roble 或 carvallo 等字眼稱呼為櫟樹。達爾文呢？他發現生物會一代接著一代演化下去，且存活下來的生物並非最強的物種，而是最能夠適應環境的物種。

欸……理論上是這樣沒錯。

物種多樣性最有意思了。

換句話說，不是適應，就是死……

歐洲山毛櫸
細小的樹枝呈之字型，葉片邊緣有毛。

北美黃杉
樹葉有柑橘味。

梣樹
樹葉為複葉和對生葉，樹皮有皮孔。

柳樹
葉腋貼在樹枝上，花有點毛茸茸的。

櫻樹
樹葉一撮一撮的，生有小小的樹瘤。

注意樹葉！

要辨識一棵樹是什麼種類，我們可以觀察它的樹葉。看看它的樹葉形狀、顏色和硬度，看看葉緣呈鋸齒狀或者平滑，看看它是否有細毛，看看葉片上是否有毛，是單葉或者許多小葉構成的複葉……我們要怎麼知道樹葉是單葉或小葉呢？單葉是從葉腋（這個位置保護隔年會冒出來的小樹葉）正下方長出來的。我們也需要知道樹葉在葉柄上排列的方式，看看是對生、排成階梯狀、螺旋狀，或者一小撮一小撮的……啊！松柏門的樹木有它們自己的樹葉類型，稱之為針狀葉或者針葉。

雪松

海岸松

雪地樹木

它們的樹形為錐形，樹枝具有彈性，不會被積雪的重量壓斷，例如：歐洲冷杉、落葉松。

北美黃杉（花旗松）

被動物吃掉葉子的樹

夏季萬物都乾巴巴的，或者冬季大雪覆蓋一切時，這些樹木通常成為動物唯一的食物。為了自衛，它們最低位置的樹枝和樹葉上長了刺跟針，例：冬青櫟、歐洲冬青。

山羊　　歐洲冬青

冬眠的樹

它們完全停止活動，抵禦寒冷。入冬前它們累積儲備能量，在春季再次發芽，例如：歐洲山毛櫸、榆樹。

榆樹

承受太陽曝曬的樹

它們的樹葉又小又硬，表面有蠟或細毛，可防止水分過度蒸散。有些這種樹的樹皮很厚，可以抵禦火焰，例如：角豆樹、栓皮櫟。

西班牙栓皮櫟

熱帶樹木

它們生長的區域降雨量充沛、糧食充足，以至於它們長得又高又大，且樹根無須深入地底求生。許多熱帶樹木需要板根支撐樹身。它們的樹葉巨大且平滑，可以讓雨水滑落，避免真菌生長，例如：桃花心木、榕樹。

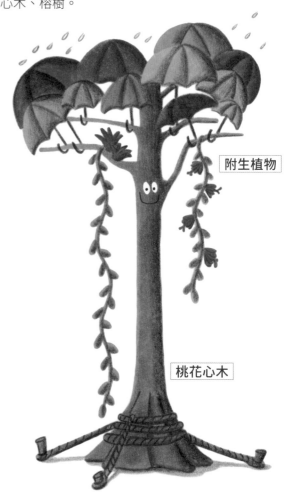

附生植物

桃花心木

森林的
歷史

現存的森林都是在末次冰河時期
（11 萬年前開始，12000 年前結束）之後誕生的。
隨後，我們人類馬上開始透過農業和畜牧業改造森林。
從此，我們不斷改變森林的樣貌，
這個過程與我們的社會及科技發展平行……也與我們發起的戰爭平行。
森林的歷史就像是一部沒有結局的電影，今天你看見的森林，
不過是這部電影中稍縱即逝的一個場景。
這個畫面從前並非如此，幾些年後也不會是如此。
透過所認知的歷史事件、古籍中的描述、建築物所使用的木材
和其中所找到的器具，我們得以推斷一座森林的變化過程，
也可以透過分析挖掘出的植物殘骸和花粉進行推敲。
然而，我們並不曉得這座森林未來會是什麼模樣。

出於永續性的考量，人們開始照顧森林；許多遭砍伐的森林區域得到復原，自然空間得到保護。然而，現今我們捨棄了許多在農林牧業上的傳統工作方式，進而引發諸多其他問題，例如：大型森林火災。

森林被視為一種原料來源。人類自森林汲取一切，但並沒有復育森林的觀念。木材的砍伐量越來越大，用在工業、建船和柴火上⋯⋯羊毛非常值錢，因此更多區域的樹被砍個精光，用以牧羊。

森林被視為不安全的地方。危險的野獸、盜賊和女巫皆藏匿於森林之中。畜牧業成長。品質最好的樹木被砍來造船。戰事綿延、一拖再拖，導致松樹林被摧毀殆盡，也使得丘陵灌木得到生長的空間。

24

中世紀
1500 年前至 500 年前

古代
2500 年前至 1500 年前

新石器時代
12000 年前至 2500 年前

舊石器時代
超過 12000 年前

長毛象

歐洲栗

松樹

小嘴鴉　綿羊

閹公牛

農作種植增加。栗樹和
榆樹出於用途廣泛，生長面積
擴展。雖然戰爭開始摧殘森林，有
些森林仍變成神聖的場所。

人類變成定居民族，開始將森林變成農地，
馴化作物和牲口，確保我們的糧食來源。

狗

人類進行狩獵和採集，因此，末次冰河時期期
間，要在冰天雪地中找到食物，可謂是難如登天。

25

見樹
又見林

地景是自然造化與人類影響共同造成的結果。

地景形色各異，在我們眼中看來都挺美的。

然而，若我們訓練自己的視線，學習觀察和推導，

將能夠明白一個地點的前世今生二三事。

甚至站得遠遠的，我們也辨識得出樹木的物種，

就算沒看見任何被燒得焦黑的東西，

也能夠知道這個區域是否曾發生過火燒，

或者也可以知道這裡是否有牲口或者更多其他東西。

這個技術叫作「閱讀地景」。

遠觀

透過不同顏色的痕跡，我們可以辨識不同類型的植被。就連樹木葉子掉光時，顏色也都不一樣！舉例來說，冬季時山毛櫸林看上去像是一片片斑駁的紫色，而櫟樹林（庇里牛斯櫟的樹林）會構成一塊塊的灰色，待春天葉芽開始展開時，則會變成紫紅色。我們也辨別得出哪裡有河流，尤其夏季更容易看得出來，因為河畔的植被比其他植物來得翠綠許多（此外，分布形狀也與河流相同）。若發生蟲災或者乾旱，我們會看見有些樹木本應綠油油的，但顏色發紅或者上頭沒有樹葉。我們也看得見一條相當水平的線，從那兒再過去便沒有樹了，表示這座山的這個高度以上環境總是過於寒冷、風勢總是過強。若我們看見某些草原上完全沒有灌木叢，且地上開始東禿一塊、西禿一塊的，表示此地的牲口太多了。相反地，若我們看見灌木叢，且體積越來越大，則代表此處的動物稀少。當然，若我們所觀察的區域有很多呈楔形排列、朝著山上方向生長的灌木叢，表示那裡可能曾經發生過大火。若樹木縱隊排列，且高度和顏色均相同，則表示該地曾實施過造林工程。

近看

每個樹種的樹皮皆不一樣。樺樹的樹皮顏色非常白，宛如白紙。歐洲赤松的樹皮一片一片的，上半部為橘色，而山毛櫸的樹皮表面非常光滑。然而，樹幹的外觀也取決於上頭生長的地衣和苔蘚，它們有些黃，有些綠，有些灰，有些如海綿鬆軟，有些像是菜瓜布般粗糙，有些則令人聯想到油漆漬。樹枝的形狀也各型各樣，可以往上或往下生長，並排生長或者呈階梯狀排列。每座森林的光線都是獨一無二的，因為林中的樹葉也都不同。舉例來說，春季山毛櫸林中的光線無比翠綠。人們總說「見樹不見林」，但你可曾試著在森林中仰望天空？

非常非常近看

有些物種是生物指標。它們的存在告訴我們一個地方的環境健康良好。例如：蜻蜓、蜉蝣生物、兩棲類動物、地衣、蘭花、芍藥等，就都是生物指標。

若我們想像自己縮小了，會看見微型景觀自成一個世界，值得觀看、嗅聞和觸摸。帶有細毛的樹葉、中心由上百朵花組成的雛菊、具有千百種色彩且自成森林的苔蘚……還有昆蟲，仔細觀察下，昆蟲實在是奇幻的生物。

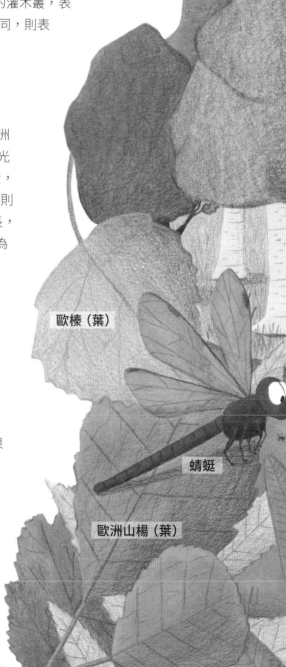

歐榛（葉）

蜻蜓

歐洲山楊（葉）

宏觀景觀 赤楊樹林

中型景觀 赤楊樹

微型景觀 赤楊樹樹葉

燈心草

櫟樹 樺樹

香蒲

車前草

蜉蝣

水黽

瓢蟲

藍斑蜥蜴

腳踩土地

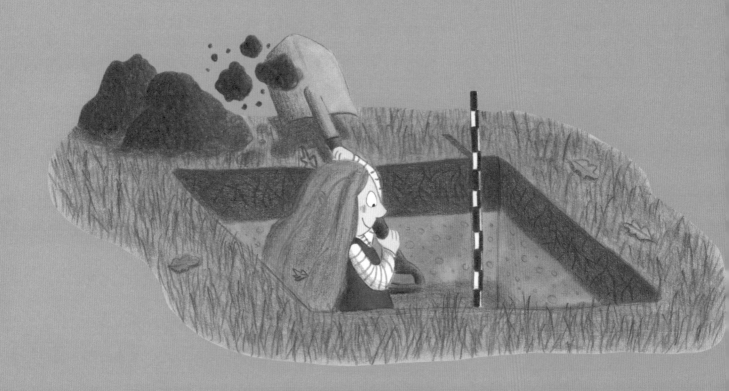

肥沃的土壤不可或缺。要是沒有它，基本上也就沒有陸地生命了。

土壤是一層薄薄的地層，若把地球想像成一顆足球，

那麼土壤的厚度還比你的一根頭髮薄上 3500 倍！

土壤的種類非常多，根據生成的岩石類別（母岩）、氣候、

生活其中的千百萬生物不同，以及形成進程不同，土壤也都不一樣。

土壤無時無刻都在拉扯之中，最深層的部分不斷生成，

同時表層又不斷受到侵蝕。

土壤需要好幾百年、乃至於好幾千年才得以形成，

然而，若沒有得到保護，

一場持續數小時的暴風雨便可徹底破壞土壤。

粉碎岩石

岩石看似無比堅硬，但一切始於岩石被雨水解體或者被冰撐破，然後開始被非常小的生物所拓殖。細菌、地衣、苔蘚、真菌和其他微生物會釋放出化學物質，攻擊岩石。死亡後，牠們的殘骸會變成有機物質。

一步一步慢慢來

有些種子能夠在非常少量的有機物質上發芽。這些新生的植物是其他生物的食糧，而這些生物也是其他更大型生物的食物……糞便和動植物殘骸越來越多，加入到土壤之中，然後更多的化學物質繼續對母岩發起攻擊。

烏鶇

蒲公英

松樹（種子）

薊

光蓋傘

蒼蠅

杏鮑菇

蚜蟲

瓢蟲

鼩鼱

地衣

甲蟲

壁蜥蜴

雙孢蘑菇

雞母蟲

蚯蚓

越多越好

每四個物種之中，就有一個生存於土壤之中！我們在僅僅一公克的土壤中，可以找到數千個細菌，以及真菌、蠕蟲、蚯蚓、昆蟲、蜱蟎、蜈蚣和其他微生物。

蜱蟎

不只是土地

有機物質和被解體的岩石的厚度足夠厚時，棲息於上頭的植物也越來越大。而植物使得土壤變得越來越深，讓土壤得以儲存並回收更多水、養分和碳。生物的空間和資源也變得越來越多。然而，植物和動物就和我們一樣，不是所有人都喜歡一樣的東西。土壤類型不同，生於其中的物種也不同。

完美的食物儲藏室

發育成型的土壤就是像是一塊海綿蛋糕一樣。大部分的動物生活於上層，有機物質、碳和養分也是。下一層更為厚實，更多水分可以儲存於此。然而，最深的土層幾乎永遠不會變得乾燥。雖然我們可以在這層發現許多石頭，樹根依舊繼續在地底下讓土壤生長。

致命的侵蝕

氣候、坡度、岩石和植被類型，皆決定了一塊土壤的最終會演化成什麼模樣。若植被消失了，那麼土壤的上頭將失去保護，下頭也沒有植物的根將其固定住。水、風和太陽輻射將會攻擊土壤，造成侵蝕。

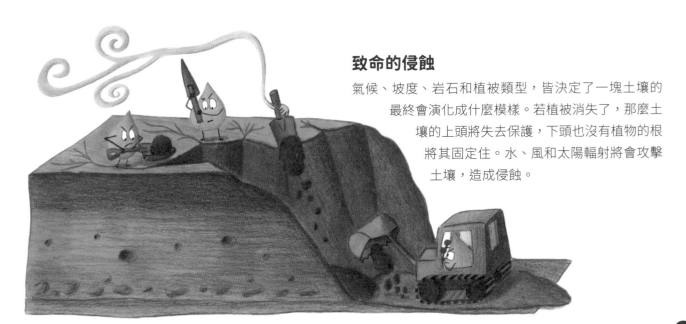

森林是
如何運作的？

牛肝菌

森林不光是我們漫步於其中時所看見的一切。

它就像是一個樹木的祕密社群，

所有的樹木透過一個真菌的地下網路，全都連結在一起。

它們透過這個網路交換訊息和物質，互相幫助。

這就好比是森林的網際網路。

當心！

發生攻擊時、樹木發覺某人吃葉子吃過頭時，會生成許多不同的物質，作用就像是警報信號。有些信號朝著樹根發送而去，再從那兒傳遞至真菌網路，透過網路在地底散播。有些信號會透過樹葉發送出去，在空氣中分散。

歐歌鶇

毛毛蟲

才不是什麼蕈菇不蕈菇的，是真菌

蕈菇不過是長得像真菌「果實（子實體）」而已。真菌實則由一面非常稠密且巨大的細胞網路所構成，埋藏在地底之下，稱之為菌絲體。

地衣

野豬

牛肝菌

兔子

狐狸

櫟樹

鼴鼠

鼠婦

有媽的孩子像個寶

母樹會幫助新生的小植物生長，對它們發送防禦的信號及部分食物。母樹也會照顧病患。它能夠觸及地底最深處的水源，並將水分傳導給其他植物。母樹最心心念念的是它自己的後代，但它也會幫助其他物種的後代。多虧了加拿大當代研究員蘇珊・西瑪爾（Suzanne Simard），我們知道一棵母樹能夠與成千上百棵其他樹木連結在一起。

甲殼類

收到！

距離最遠的樹木會為即將到來的攻擊做好準備，釋放出一些物質，讓它的樹葉知道大難即將來臨。

西方狍

牛肝菌

櫟樹

松乳菇

胡桃樹

親密友誼的開始

真菌與樹木之間的結合稱之為菌根。真菌網路就像是一個龐大的管道系統，供給樹木它們無法觸及的區域的水分。真菌也是樹木的溝通管道。作為交換，樹木提供真菌光合作用的糖分。這個共贏的關係稱之為共生現象。然而，有些樹木的性格還挺孤僻的，釋放出具有排斥性的物質，不讓其他物種在它們底下生長。舉例來說，胡桃樹就是其一。不過，這是一種罕見的行為。

小兵立大功

樹木也需要透過樹根呼吸。體型最小的動物在地下鑽出許多洞，讓森林土壤中形成氣囊。此外，牠們以有機物質為食，並將養分歸還給土壤。

螞蟻

希薇亞
與
神奇工廠

櫟樹

苔

閉上雙眼，想著你最後一次看見一棵樹的時候。那棵樹長得什麼模樣？想必很大吧。你覺得它的樹根占據了多大的空間呢？嗯，至少跟它的樹冠一樣大！下次看見樹木時，就算這部分被埋在地下，你不妨想像它跟看得見的一切同等重要。

還有個也看不見的（且也至關重要的）東西，就是樹木自給自足的機制。這叫作「光合作用」，「fotosíntesis」這個字源自古希臘文，意味著「以光創造」。然而，光合作用並不是透過什麼天靈靈地靈靈的魔法運作（雖然在我們的地球上，沒有比這更魔幻的事物）：所有的一切都是物理和化學。

這裡住著很多人

單單一棵樹就可以為許多植物、動物、真菌和細菌提供食物和庇護所。

火冠戴菊

櫟樹

下雨吧！
下雨吧！

樹葉減緩雨滴的速度；如此一來，土壤有更多時間慢慢吸收從天空落下的雨水大餐。

木有枝葉，猶庇廕人

樹木就像是一張保護毯，可以禦寒和抗暑。

全方位保護

毛毛蟲

苔

較小的植物會組成一張地毯，保護土壤表面不受侵蝕；樹根則構成一個框架，防止深層的土壤流失。

牛肝菌

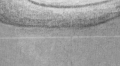
蚯蚓

土壤是一塊海綿

多虧了微小的通道，水滲透進土壤中的速度更快。如此一來，水被儲存在土壤和含水層之中，避免氾濫。

綠啊，我就愛你這綠色[譯註]

太陽能光電傳遞至樹葉，啟動葉綠素的分子。這些分子自大氣中提取碳，將其轉化成糖分。多餘的氧則被釋放到空氣中。

譯註：這裡引用的是費德里科·加西亞·洛卡（Federico Garcia Lorca，1898-1936年）的詩句。洛卡是 20 世紀最偉大的西班牙詩人，他的詩節奏優美哀婉，形式多樣，詞句形象，想像豐富，民間色彩濃郁，易於吟唱。

雨水工廠

太陽地熱能（換句話說，太陽所散發出的熱度）會將水分從土壤中抽取出來。水分連同養分一起順著木頭往上攀升，以水蒸氣的形式透過樹葉上的細孔排至大氣之中。這個作用有利於雲朵生成。對，你沒看錯，前面寫的是「木—頭」，實際上叫作木質部，西班牙文叫作「xilema」（源自希臘文，對吧？）木質部是一堆堅硬的管道，排列在一起，一方面將樹液往上輸送，另一方面將樹木本體牢牢固定住。

自營生物？

西班牙文的「autotrofismo」一字也源自希臘文，意思是「吃自己」。但不是跟你吃指甲的時候一樣！樹木製造糖分。糖分沿著韌皮部往下運輸。而樹木就以這些糖分為食，生長茁壯，然後「登愣」！原本存在於大氣中的碳會被以樹木的形式儲存起來。啊！「韌皮部」的意思是「生成樹皮的部分」，因為這些管道恰好位於樹皮底下，而合成出的樹液就沿著它們往下流動。形成層的壁距離很近（你看，「cámbium」這個字源自拉丁文），這個部分無比纖細，隨著時間一年一年地經過，樹木會增大形成層的周長。

存起來吧！

許多糖分被儲存於樹根和土壤中，或者若其他鄰近的樹木有需求，也會與它們分享。

先有種子，
還是
先有樹？

真是不可思議，樹木這般龐然大物竟然是從一顆小小的種子生出來的。你知道並非所有的種子發芽和生長的方式都是一樣的嗎？每個喬木物種（以及灌木物種、亞灌木物種、草本物種⋯⋯）為了生存，各有不同的需求和策略，因此，它們的種子也都不一樣。有些種子藉由風旅行，有些則藉助水或者動物（在動物的腸道中，或者卡在牠們的毛上），還有一些種子只能在成年樹木的庇護下生長，落地生根，幾乎不會移動。有些種子必須立即尋找生路，不得不以非常快的速度生長，且對地點來者不拒。有些種子則儲備了足夠的能量，能夠氣定神閒地尋找地點安家落戶。有些種子非得要確定冬季已過，才會甦醒（才不會被意外凍死），另外一些種子則是確定有足夠的水源才會發芽（才不會發芽發到一半乾死）⋯⋯但是，並不是你看見的每一顆樹都是從一顆種子誕生出來的。有些樹木源自一小段樹枝、樹根或者其他樹木的葉腋！

種子很有個性喔！

寒冷的種子

它們必須撐過寒冷，才能夠發芽。

刺柏（種子）

超級種子

在任何地方都可以生長，就算那個地方條件極其惡劣，也不成問題。

嬌滴滴的種子

它們需要保護，通常有點胖胖的，掉落在母樹附近。

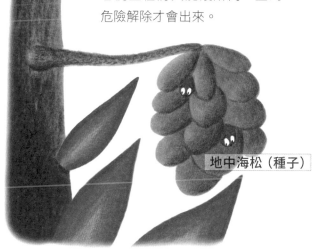

庇里牛斯櫟（種子）

西班牙栓皮櫟（種子）

歐洲櫟（種子）

以防萬一的種子

它們生在防火庇護所內，直到危險解除才會出來。

地中海松（種子）

歐洲山毛櫸（種子）

歐榛（種子）

被儲存起來的種子

有些動物為了過冬，會把種子埋起來。牠們吃掉其中一些，而其他剩餘的種子最終會發芽。

快速種子

它們最先發芽。

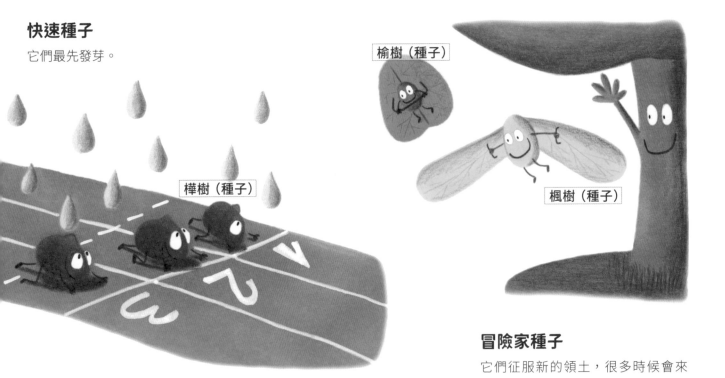

榆樹（種子）

樺樹（種子）

楓樹（種子）

冒險家種子

它們征服新的領土，很多時候會來
到距離母樹很遠很遠的地方。

硬得啃不動的種子

它們需要被消化，外殼才會破裂。注
意！這些種子對我們來說，可能有毒！

烏鶇

歐洲紅豆杉（種子）

有點好動的種子

除非找到水，否則它們靜不下來。
很多人把它們跟花粉搞混。

黑楊（種子）

樹根和樹梢

新枝

有些樹木經大火焚燒或被砍伐之後，也不會死。要不了多久的時間，大量嫩芽就會從它們的殘骸中冒出來，雖然看起來像是一棵棵新生的小樹，但其實都是不同的樹幹，且都是從同樣的樹根生出來的。而且，那樹根可能有好幾百歲了！

冬青櫟

榆樹

有其樹必有其枝

有些生長於水邊的樹木能夠透過種子生下小孩，但多虧了接穗，它們也有孿生兄弟姐妹。只需要一小段植物，便能夠長出一棵一模一樣的樹，生出一棵「複製樹」。

同一個模子印出來的

全部的樹木都一模一樣，可能有其優點。打個比方來說，若其中一個個體對某種疾病有抗性的話，那麼透過複製的方式繁衍，可以確保大家都有這個抗體。

櫟樹是怎麼長出來的？

1

成熟的櫟果因為自身的重量而掉落。

2

這些種子具有植物初期所需要的一切養分，所以它們不急著長出葉子來行光合作用，也不急於靠著自己養活自己。相反地，它們會先長出非常深的根。

3

最終，落地約莫 6 個月後，它們終於長出葉子，開始自給自足。

松樹是怎麼長出來的？

1

毬果綻開，松子飛射出去，距離可達數百公尺遠。

2

松子的重量必須非常輕，否則飛不起來……因此，這些種子幾乎沒有儲備什麼能量。它們必須趕快開始獨立生活。它們不先花時間長出大大的根，而是集中心力，儘早開始進行光合作用，而且發芽後一到兩週就可以辦到了。

可食用的松子——笠松的種子——沒有翅膀，因為它們太重了，飛不起來……這是因為它們有很多養分！所以說，你知道的……還是說你從來沒用石頭敲開過松子？

3

生活了幾個月後，它們會開始長出真正的針葉。

木頭都
在說些什麼？

「樹木的年輪標示出它的年齡」，諸如此類的話想必你一定聽過不下千百次了。此外，並非所有的樹都有年輪。意外嗎？

透過「閱讀」木頭這個觀察方式，換句話說，和先前閱讀地景一樣，我們可以知道某顆樹的一生中發生過什麼事、一座森林的歷史為何，以及氣候的變遷歷程。打個比方來說，當今的氣候變遷就非常清楚地反映在木頭上。不過，要能夠完全讀懂這些資訊，我們必須認識木頭自身的語言。

天生我材必有用

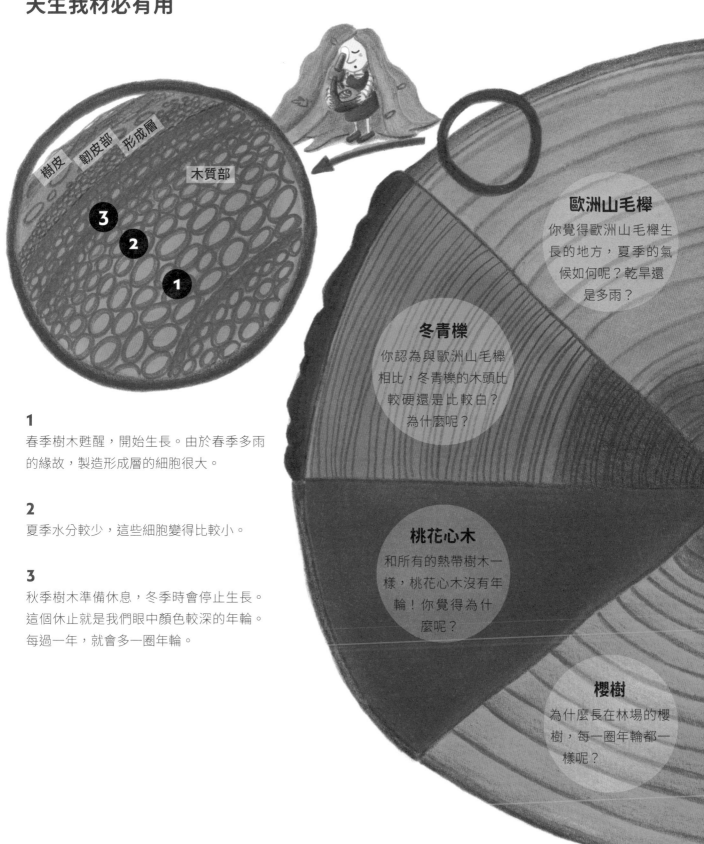

樹皮　韌皮部　形成層　木質部

1

春季樹木甦醒，開始生長。由於春季多雨的緣故，製造形成層的細胞很大。

2

夏季水分較少，這些細胞變得比較小。

3

秋季樹木準備休息，冬季時會停止生長。這個休止就是我們眼中顏色較深的年輪。每過一年，就會多一圈年輪。

歐洲山毛櫸

你覺得歐洲山毛櫸生長的地方，夏季的氣候如何呢？乾旱還是多雨？

冬青櫟

你認為與歐洲山毛櫸相比，冬青櫟的木頭比較硬還是比較白？為什麼呢？

桃花心木

和所有的熱帶樹木一樣，桃花心木沒有年輪！你覺得為什麼呢？

櫻樹

為什麼長在林場的櫻樹，每一圈年輪都一樣呢？

每一個樹種的木頭都不一樣。大致上都滿結實的，
或硬或軟，或輕或重，顏色或深或淺，表面平滑或
有紋路……因此，每一種木頭的用途也都不同。

黑楊

黑楊的木頭為白黃色，重量輕且結實，這些特性使
得它非常適合被用來製造水果箱、筷子和火柴，也
被用來製造露營車的家具。

歐洲冷杉

雖然我們使用某些貴重的木材（胡桃樹、櫻樹、歐
洲花楸以及某些熱帶木材）來製作某些樂器，但歐
洲冷杉木材的重量挺輕的，回響效果很好，因此被
用來製成小提琴、吉他、鋼琴……也被用以製造木
屋的牆壁和地板。

歐洲赤松

歐洲赤松的木材非常結實，非常適合用於製造結構，
也被用來製造門、窗、家具……拜科技所賜，無論
是鄉村或者城市都有越來越多的木造建築，甚至還
有高聳入天的大樓。如此一來，樹木生長時自大氣
中提取出的二氧化碳將會被儲藏許多年，有助於減
緩氣候變遷。

所有的木材
都有一段歷史

茶腹鳾

樹輪圓盤

我們可以在樹輪圓盤上計算年輪，但必須砍樹才可以取得圓切片。

透過樹輪圓盤的資料庫（稱之「樹輪年代學」），我們得以知道氣候變遷的經過，而且可以一路追溯至超過 4000 年前！

歐洲赤松

鑽木

我們也可以取出一小段木頭樣本，計算年輪，就像是你做抽血檢查一樣。

啄木鳥

歐洲赤松（木材）

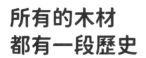

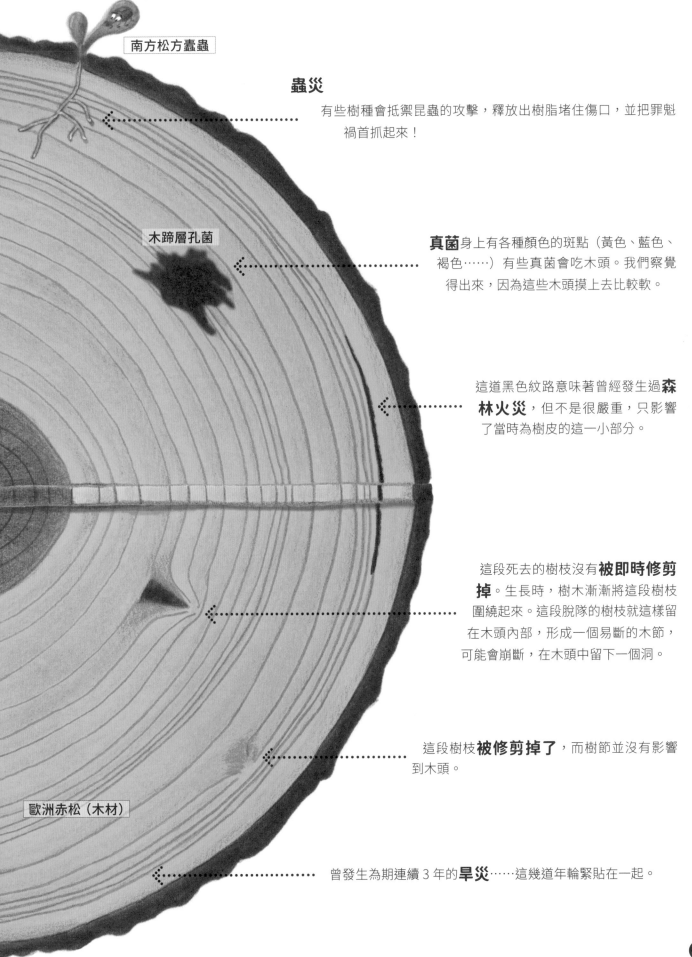

南方松方蠹蟲

蟲災
有些樹種會抵禦昆蟲的攻擊，釋放出樹脂堵住傷口，並把罪魁禍首抓起來！

木蹄層孔菌

真菌身上有各種顏色的斑點（黃色、藍色、褐色……）有些真菌會吃木頭。我們察覺得出來，因為這些木頭摸上去比較軟。

這道黑色紋路意味著曾經發生過**森林火災**，但不是很嚴重，只影響了當時為樹皮的這一小部分。

這段死去的樹枝沒有**被即時修剪掉**。生長時，樹木漸漸將這段樹枝圍繞起來。這段脫隊的樹枝就這樣留在木頭內部，形成一個易斷的木節，可能會崩斷，在木頭中留下一個洞。

這段樹枝**被修剪掉了**，而樹節並沒有影響到木頭。

歐洲赤松（木材）

曾發生為期連續 3 年的**旱災**……這幾道年輪緊貼在一起。

在森林中
不光靠樹木
維生

獒犬　　　　　　　　跳蚤　　　丘拉綿羊

經過了末次冰河時期的糧食匱乏後，
我們發現耕作土地和馴化牲畜可以確保糧食。
從此，我們使用森林飼養家畜，也把許多森林改造成牧場。
從前我們幾乎將森林資源使用殆盡，
然而今日，氣候變遷的問題當前，
我們極度需要妥善管理粗放畜牧業，
以保護森林不受大火侵害，並保育生物多樣性。

西班牙羱羊

牧羊人走了……

夏季時，高山的草場依舊翠綠，而冬季時山谷間的草場則不會被大雪覆蓋。透過移牧，牲口有牧草可食，不需要吃穀物或者飼料。我們的文化財富中有很大一部分都歸功於牧羊人，他們帶來或者帶走食譜、果園的種子、歌謠……

桉樹

鹿

混在一起養

原生的家畜物種對每個地區的適應度最佳，是我們最重要的傳承財產之一。在集約化畜牧經營模式下，大部分原生家畜皆面臨滅絕的危險。集約畜牧業和粗放畜牧業可是完全不一樣。

美麗諾羊

攀上枝頭

有些樹可以食用（家畜可以吃，而你不可以！）牧草不足時，它們的樹枝可以充當乾草料。新生（且美味）的小樹唯有受到保護才有機會成長茁壯，就算是懸鉤子和玫瑰也一樣。

庇里牛斯犛

懸鉤子

捻花惹草

蜜蜂傳遞花粉至我們的農園和果樹，也替許多野生的植物和樹木授粉。多虧了牠們，有些果實和種子才得以生出來，成為野生動物的食糧，且森林透過這些果實和種子也能夠再生。有些養蜂人會移動他們的蜂巢，一年到頭四處尋找開花的植物。

犬薔薇

圖丹卡牛

在原野中安門

有時候，一個區域必須縮短每季放牧時間，才得以復育。因此，我們來到該地郊遊時，務必將一路上遇見的柵欄確實關好。

蜜蜂

文化風景

家畜走遍草場，選擇牠們最喜歡、且需要的植物。牧人割掉某些草原的草，將草存入筒倉，為冬季做準備。籬笆、小樹林和石牆成了動植物的庇護所，將不同的生態系統連結在一起，成了一道美景。

樺樹

羊羊消防隊

由於氣候變遷和鄉村荒廢的緣故，森林中的可燃物越來越多。羊群是防治森林火災的絕佳選擇。牠們將部分植被吃下肚，降低大火發生的風險，若真發生火災，也降低災情嚴重程度。

蜜蜂

蒲公英

阿斯皮戈里羊

蒼蠅

羅蔭馬

膠薔

紅菽草

愛叫的羊沒草吃

一片草場的草被吃得越多，它的品質就越好。很有趣吧？這就是所謂的「牧人悖論」，最美味且營養的植物已適應牲口數千年了。在被吃掉後，它們會發出更嫩的芽。牲口離開草場的路上會四處散播它們的種子。

紅菽草

薊

冬青櫟

丘拉綿羊

森林
照顧我們

也許你就住在鄉下，而且運氣非常好，每天都可以享受森林。然而，就算你住的房子不是木屋，就算你住在大城市之中，森林仍充斥於你的生活每一個角落之中，而且是所有的、全部每一個。事實上，森林是我們的家：它照顧我們、保護我們、給予我們乾淨的水和空氣，以及糧食，讓我們的心情感到平靜，讓我們找到新的靈感，甚至還給我們衣服穿！你覺得我們這話說得誇張嗎？下一頁開始，你將看見森林每日饋贈於我們的一切。甚至你現在正在閱讀的這本書的紙張也是森林的贈禮（嗯，想必你早就知道了吧）。有一首歌叫作〈愛無所不在〉（Love is all around），更應該說是森林無處不在。幸虧如此！因為人類極其依賴森林，若森林不存在，我們也不會在這裡。

森林即為健康

你肯定曾經因為腸胃不適而喝過洋甘菊花茶，或者抹過山金車油膏緩解皮膚上的腫包。野生植物具有某些化學合成物，我們利用這些物質已有數千年之久，許多藥物仍採用或著模仿這些植物生成的物質。事實上，現今藥物中的四分之一皆是使用熱帶森林的植物製作的。因此，基於其他成千上百種理由，保育森林極其重要。要是某種非常嚴重的疾病的解藥就在雨林中，結果今日雨林正在遭受破壞，永遠消失了呢？

保護屏障

有些疾病可以自野生動物傳染到人類身上，而森林也將我們與其隔離開來。許多病毒和細菌通常偏好寄生於某些特定動物上。若生態系統處於平衡，這些動物的天敵會負責控制受感染種群的數量。然而，若這個平衡被破壞，患病的動物會找上我們的家畜，或者找上我們，可能會引爆巨大的災難。

森林浴

森林具有解壓功效。感到壓力過高時，我們的免疫防禦會大幅下降。我們不怕害怕或誤解，可以斬釘截鐵地說森林幫助我們強身健體，進而減少我們患病的機會。事實上，已證實患者若可以透過窗戶看見樹木，康復的速度會比較快。某些國家的醫生會開森林浴的處方。這不是叫你在浴缸內塞幾根樹枝（雖然很多肥皂和乳霜也是用森林植物做的），只是要你到森林中靜靜地散散步。

價值貴重，價格低廉

你已經看見樹木會製造肥沃的土壤、讓養分更容易被其他植物吸收、有利於天空降雨、避免洪災形成、讓洪水無法將流經之處的土壤通通捲走。拜上述總總所賜，森林也提供我們肉、乳和源自粗放畜牧業的高品質蜂蜜、野果、蕈菇……但這一切並不局限於森林內部。位於高山上——河流誕生的地方——的森林保護地勢較低的所有地區，為其提供肥料和水，甚至就連距離數公里之外的地方也是它的管轄範圍。因此，雖然農作物生長在森林之外，但也依賴樹木。無論我們人類的科技有多麼進步，沒有森林，就沒有足夠的授粉昆蟲，也沒有疫病的天敵，也沒有肥沃的土壤。甚至就連城市也需要森林！儘管城市距離森林遙遠，人們所呼吸的空氣、所飲用的水也都完全取決於森林。

我發現了！

森林啟發了發明家、思想家和藝術家，甚至透過地景藝術成為受人讚美之物。許多偉大的畫作、交響曲或者故事皆發生在知名森林之中。已證實在森林中冥想或者靜靜漫步可以讓大腦透透氣。因此，下次你說「我不知道要畫什麼啊啊啊」的時候，你知道可以去哪裡走走。去散步吧……當然，去森林散個步吧！

松樹

天然濾網

多虧了生在樹根周遭的細菌，也多虧了樹根本身吸收汙染，流經森林的水會經過過濾、被森林去除汙染，再流到含水層。

生物多樣性

陸地上 80％ 的生物多樣性都存在森林中。只有要有一棵樹新長出來，鳥類、小型哺乳類、昆蟲、蜘蛛、蚯蚓、真菌、地衣、細菌等無數生物便擁有庇護所和食物。只要有一排樹和灌木叢，便可以生成一道綠色走廊，將被公路、大型耕地或城市隔絕的各個生態系統連結起來，提升它們的永續性，舉例來說，其中一個功能就是讓動物（和種子）能夠安全地自一個地方遷移至另一個地方。

赭紅尾鴝

斑鶇

潔淨的空氣

人類活動——尤其是打從工業革命以來——排放出過量的二氧化碳（CO_2）至大氣中，這也是當今氣候變遷的主要原因之一。樹木透過光合作用，吸收大部分的二氧化碳，減緩全球暖化的速度。此外，樹木也過濾空氣汙染物，將其儲存在樹幹中。

沒有塑膠的大海

拜生物精煉所賜，木材已成為塑膠的替代品之一。木材在生物精煉廠中被轉化為生物塑膠，有時候也可被生物降解。木材也可以製造出織品、生物油漆……甚至還有透明的木頭窗戶！

城市中的森林，森林中的城市

看看你的四周，有多少能看見的東西是從森林來的？想必多得不得了。門、家具、紙（衛生紙也是！）、用樹脂做的油漆和亮光漆（這你就不知道了，對吧？）、柳條或栗樹編織的籃子、軟木塞和其他許許多多的東西。我們需要這些物品，使用它們並沒有什麼不好。首先，因為比起石油產品，使用這些可再生的產品對地球比較好。此外，雖然這聽起來很怪，但許多被照顧得最好、且最少發生大型火燒的森林，恰好是那些被使用的森林。然而，使用森林時千萬不可害它的未來陷入危險，換句話說，務必以永續經營的方式使用森林。夏季不應該使用機器砍伐（避免星星之火燎原），下過大雨後也不應該伐木（會破壞土壤），動物在繁殖的時候也不可以⋯⋯更重要的是，每次砍伐樹木都必須確保新的幼樹將能生長。

我們的日常生活行為無論對森林或者棲息其中的生物都有影響。不過，有些方法可以讓我們的「痕跡」盡可能地不那麼明顯。我們需要水庫儲水，但需要建造階梯，讓魚能夠躍過堤壩，也必須監測河流，確定有充足的水量供魚兒游行。另外，我們也需要淨水，消除危險的微生物，水經過我們家以後，也務必進行汙水處理。乾淨的能源可不能浪得虛名。為了避免傷害鳥類，風力發電機的設立位置必須遠離牠們的飛行路徑，電線上必須加裝防鳥設施，讓鳥兒更容易看見電線。而且，非常重要的一點，絕對不可以把花園裡的植物拿到森林裡去種，不可以放生外來種寵物或家畜：牠們可能會變成入侵物種，可能會傳染許多疾病。

貓

牛肝菌

庇里牛斯櫟

黑鸛

風力發電機

集材車

造紙用的木材

建築用的木材

變電所

尤加利樹

防鳥設施

綿羊

加楊

淨水廠

飲用水取水點

高品質木材

魚梯

海岸松

綠色過濾汙水處理廠

鮭魚

樹脂

柳樹

編織用藤柳

浣熊

布袋蓮

歐洲狗獾

蟹螯草

蒲葦

65

處於
危險中的
森林

全世界有許多森林正受到威脅。每次我們貪婪地砍伐森林；每次我們奪走森林的一部分來耕作或者蓋房子，或者開採石頭或礦物；每次森林被馬路、高鐵軌道或者巨大的圍籬分割成好幾塊；每次我們亂棄養外來種寵物，森林的未來和棲息其中的動植物都會陷入危險。

有時候我們的確會突然需要使用許多樹木，而這時必須植樹。歐洲大部分的生產性林場都位於（也繼續位於）森林於數年前、甚至數世紀前已經消失的地點。林場其實就像是耕地，只是種的是樹，而不是馬鈴薯。此外，若林場管理得當，且土壤得到照顧，對環境也有益處（比馬鈴薯帶來的好處還多），因為樹種下去之後，要等待非常多年後才能夠砍伐，楊樹木材或者尤加利樹的紙漿需要 10 至 15 年才生產得出來，而要取得上好品質的胡桃樹或櫻樹的木材則需要 20 至 60 年。舉例來說，這段期間樹木會一直儲存大氣中的碳，用樹根牢牢抓住土壤，創造其他動物得以生存的空間。嗯，還有其他你已經知道的事情。遺憾的是，並不是所有的林場都做得很好，有時候為了植樹，甚至還要先砍伐某些森林（現在仍這麼做）。

手下不留情

有些國家並沒有立法保護森林，以致於森林被大面積砍伐，連小樹林和母樹也都沒被放過。熱帶雨林是由不同物種的大雜燴所組成，但單單只為了利用正處於流行的那個物種，數公頃的雨林被夷為平地。人類為了開採石油和鈳鉭鐵礦，也在砍伐這些雨林。

刀耕火耨

印尼的雨林被人們砍伐和焚燒，被替換成棕櫚樹種植場；亞馬遜的雨林被草原牧場取代，或者被拿去種大豆，馬達加斯加的雨林被拿去種玉米。珍·古德（Jane Goodall）和黛安·佛西（Dian Fossey）多年來不斷宣導，稱這麼做會破壞許多瀕危物種的棲息地。人們也在森林原址上進行大範圍水澆地耕作，過度使用含水層。

複製樹攻擊

生產木材或紙張的種植林場面積巨大，且種滿了同一樹種的樹木（而且還是相同樹齡），最無力抵抗氣候變遷、瘟疫和疾病。特別是若種滿了同一個樹種的複製樹，受害程度最深，因為就基因上來說，這些樹都一模一樣，某個蟲子或者有害真菌學會如何攻擊某個個體，也等於曉得如何快速攻擊其餘群體。若疾病或瘟疫來自原生地之外，那情況就更糟了！因為樹木不懂得如何抵禦新的威脅，也沒有能夠阻止這些威脅的天敵。基於上述種種原因，許多樹會死去，然後變成枯木，大大增加了森林火災的風險。

松材線蟲

松異舟蛾（絲巢）

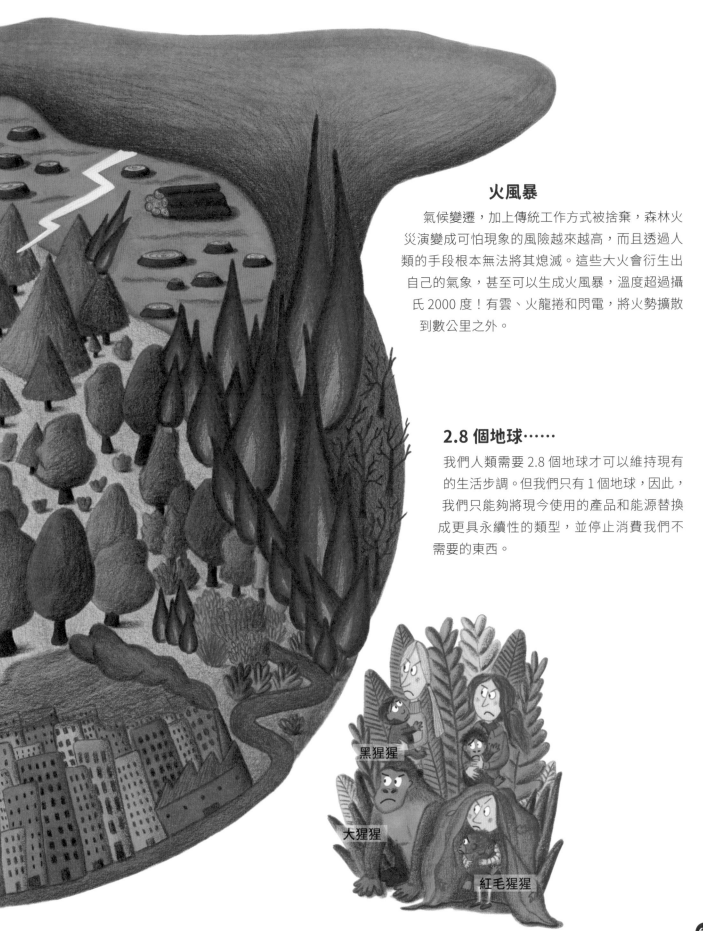

火風暴

氣候變遷，加上傳統工作方式被捨棄，森林火災演變成可怕現象的風險越來越高，而且透過人類的手段根本無法將其熄滅。這些大火會衍生出自己的氣象，甚至可以生成火風暴，溫度超過攝氏 2000 度！有雲、火龍捲和閃電，將火勢擴散到數公里之外。

2.8 個地球……

我們人類需要 2.8 個地球才可以維持現有的生活步調。但我們只有 1 個地球，因此，我們只能夠將現今使用的產品和能源替換成更具永續性的類型，並停止消費我們不需要的東西。

黑猩猩

大猩猩

紅毛猩猩

失火了！

預防森林火燒最大的困難點是，

我們想要保護的所有植被

都恰好是大火用來燃燒、擴散及增強其火勢的燃料。

森林火燒是一種自然因子，

千萬年以來控制了森林中所累積的可燃物數量。

人類自從學會駕馭火，也使用火：

製造更多農場；在戰爭中用火傷害敵人……

無論是自然或者人為形式，

幾乎所有的地景都曾被火洗禮改造過，

有時候火勢猛烈且反覆無常，

導致許多地方的森林最終消失。

不小心故意

10 起森林火災中，就有 9 起是人類造成的：菸蒂、農業收割機、火車或者電網冒出來的火花、火耨（為了讓牧草再生或者消除殘留的秸稈）但失控、報復……

林中小屋

分散的房屋和住宅區非常危險。此外，若發生火災，法律明定是拯救人命第一，拯救建物和財產第二，而森林被排在最後順位，一開始原本小小的星火會越燒越旺，最終無法被撲滅。

越來越少，但越來越危險

今日我們偵測和撲滅森林火災的手段非常先進。因此，若火勢一般，我們可以更快滅火。這真是個天大的好消息。然而，所有倖存下來的植被會一年一年地生長，當然也會成為可燃物，可能會導致下次火災的火勢更為猛烈。若我們避免火災發生，但不將多餘的植被移除（例如：把木頭搬走，或者讓牲畜在森林內吃草），就會演變成現在的情況。綜觀歷史，森林中的可燃物從來沒有這麼多過。這就像是一顆定時炸彈，因為若下一次起火時的條件適宜（高溫、乾旱和強風），會演變成一場毀滅性極強的大火，甚至透過最先進的手段也非常難以撲滅。

意料中的災難

20 世紀許多人離開鄉村，遷居至城市。鄉村人口變得稀少，柴火和粗放畜牧業也逐漸被拋棄，而粗放畜牧方式本可控制灌木叢和草地的面積。此外，在氣候變遷的作用下，更多樹木死去，夏天也變得更加乾旱且炎熱。森林中失去控制的可燃物變得非常乾燥，只消一點火花便會燒起來。基於這些因素，火災會達到極高的溫度，火勢迅猛，火焰高度之高，遠遠超乎我們的想像，根本無法將其撲滅，最終會演變成大型森林火災，延燒範圍超過 500 公頃，將一切焚燒殆盡，不只燒毀我們看得到的一切，例如：植被和動物，而是土壤內的東西也會被燒死，如有機物質、儲存在土中的種子、地底最深處的根，以及生活在地底的動物和微生物。總的來說，所有讓土壤之所以是土壤的一切都會被燒死。

防治火災，全年無休

預防森林火災的關鍵在於，清除某些區域的可燃物。可以設立防火巷，將其中一部分的植被移除，如此一來，大火蔓延至該處時，威力和速度將會有所降低。有些駕駛人仍會自車窗亂扔菸蒂，因此也必須清除公路周遭的植被，避免菸蒂釀成大禍。理想的作法是透過粗放畜牧業的放牧方式，將植被的數量控制在合理範圍內。如此一來，若發生火災，火焰將不會從草地波及灌木叢，不會再順著灌木叢一路燒到樹冠上。有時候有些國家的公家單位會給牧人錢，獎勵他們在預防火災上的付出，以及他們的綿羊為我們所做的一切。

火龍

森林大火就像是一頭野獸，需要吞食可燃物，需要呼吸氧氣。若讓牠得到這兩樣東西，牠就會不停地長大。熱空氣的重量較輕，向上流動，留下一個空洞，被周遭的空氣重新填滿。這股朝著火焰吹去的氣流就像是風箱，讓火焰越燒越旺、達到更高的溫度、延燒速度更快、燒毀更多植被。森林大火像是一條火龍，有正面和側面、利爪和尾巴。從事森林滅火的人說山火真的就像是有獨立思考能力一樣，總是在尋找可以讓自己變得更大、可以造成更多傷害的地方，甚至被包圍住時，也能夠逃出生天、重新長大。有時候山火一發不可收拾，蔓延的速度之快、火勢之猛烈，除了以火攻火對其反擊，別無他法。消防人員蓄意點火，讓這道火焰朝著山火的反方向燒去，將火撲滅。先前助長山火火勢的同一道氣流會把新的火焰吸過來，燒光沿途的可燃物。兩道火焰交會時，由於兩個方向已經沒有東西可燒了，便會自相殘殺。

濃煙的信號

透過煙霧的顏色、大小和形狀，我們可以得知山火的相關線索。

正在焚燒牧草，可燃物不多。

正在焚燒大量樹木和灌木叢，且正在起風。

正在焚燒非常大量的可燃物，火災演變成一場火風暴。

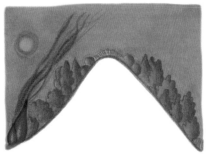

山火如何移動？

1

山火的熱空氣上升，將火焰往山坡上拉。行進途中，火焰的溫度、強度和速度都隨之升高。

2

入夜後，山上總會產生逆溫現象，導致氣流往山谷間流動，使得大火回到它來的地方，自然熄滅。

3

然而，若大火蔓延至另外一側山坡，那將會是一場天大的災難。朝著山谷下降的氣流這時將火焰往前推，推向尚有植被沒被燒盡之處。夜裡無法進行滅火作業，火勢將失去控制。

滅火期間和滅火之後

需要動員非常多的人力才能夠撲滅森林火災。也需要所有人保持冷靜，因為火場是高壓環境，有時候緊張、恐慌和求生本能會讓人做出錯誤的反應。為避免意外發生，所有參與滅火作業的人務必同心協力，對指揮站的決策和命令唯命是從。當然，這可不是適合起爭論的地點或時機……事態緊急！

滅火是一項對身心而言皆十分吃重的工作，作業時間可以長達數小時，甚至連續好幾天。此外，成功撲滅火勢後，必須留下來監視火場，持續在火場上澆水，避免死灰復燃。然而，就算撲滅最後一道餘燼，滅火作業也尚未完結。務必儘快保護土壤，避免土壤因為下雨而徹底流失，也務必協助植物和動物復原。

當機立斷

必須移除植被，以控制森林大火的前線。一旦少了可燃物，山火無法繼續前進，終將熄滅。要達到此效果，要用推土機挖出一道防線。

注意！

空中消防是打擊山火最快的方式。經驗老道的飛行員有本事飛到無法抵達的地方。

防線

推土機

前線嚴陣以待

消防隊員使用打火把，控制山火的側面和尾巴，並替已成功撲滅火勢的區域降溫。

無線電臺

永遠

天空的顏色、氣味、以及你看見森林起火時心中油然而生的憤怒與無力感，在在都永生難忘。

水來了！

水庫、灌溉用的蓄水池以及私人游泳池必須開放，讓抽水車和直升機的滅火水袋汲水。

打火把

滅火水袋

抽水車

下雨之前

務必趕快開始森林復原工作，砍下被燒死的樹，避免它們變成病疫的聚集地，並為新的種子留下生長的空間。

抓住土壤

把最細的樹幹和樹根捆成一道道柵欄，以防止雨水把赤裸的土壤沖刷走。

保護動物

別忘了為小型哺乳類動物打造庇護所，並為猛禽類提供猛禽棲架。

紅鳶

兔子

生命銀行

被儲存起來的種子和重新萌芽的植物的根，皆位於地下，若森林火災並未波及地底，新的植物很快就會開始冒出來。不過，有時候需要重新造林。

如何
照顧森林？

鷓鴣

少了森林，我們也活不下去，想必你已經注意到這點了，對吧？
為了繼續享受森林所賦予我們的一切，輪到我們來保護它們了！
因為，雖然大自然饒富智慧，數世紀以來我們不斷改造森林，以
致於森林也需要我們稍微伸出援手。

「照顧森林」意味著讓它們保持健康且強壯，幫助它們適應氣候
變遷，確保它們能夠再生，若透過森林生產某種產品，則務必永
續經營。

有些人在森林中工作（林務員、牧場工人、蕈菇採集工人……），
有些人則去到森林中散步。我們都需要森林給我們潔淨的空氣和
水，以及肥沃的土壤，才能夠生產我們的糧食。這同時牽涉到很
多事和很多人……為了避免紛爭，必須稍微管理秩序，決定什麼
人、什麼地方、什麼方式、什麼時候、什麼數量和為了什麼目的
而使用森林。

冬青櫟

地衣

標記用鐵牌

鵰鴞

苔

木蹄層孔菌

生物防治

有些昆蟲會要在不使用殺蟲劑的情況下將牠們控制在合理數量範圍內，我們可以阻止牠們繁衍，或者打造對牠們的天敵而言有利的環境。松毛蟲（這些列隊行走，渾身毛茸茸的毛蟲）會吃松樹的針葉，害松樹變得虛弱。我們使用費洛蒙陷阱，阻止雄蟲找到雌蟲，讓牠們無法繁衍後代。這些陷阱中含有雌蟲為吸引雄蟲而釋放物質的複製品，而雄蟲會被假的愛情信號迷住，落入其中。我們也架設巢箱，吸引更多的鳥類，讓牠們趁著毛蟲尚未埋入土中、還沒有變成蝴蝶之前把牠們吃光光。

地海松

松異舟蛾（絲巢）

森林

要照顧一座森林，或者要知道可以從中取得多少產品而不會讓它陷入危機，首先必須知道這座森林的特性：有什麼樹種、樹木的大小、樹木的生長方式、樹木健康與否、是否有足夠的種子或者新生的小樹……但我們不可能走遍每一個角落，不可能測量每一棵樹。實際的作法是只在某些區域搜集資料，之後用雷射掃描整座森林（透過無人機或者飛機），透過衛星照片分析，然後透過大量計算整合這些資訊，推斷這座森林的確切真實樣貌。

乳香黃木

猞猁（山貓）

野兔

為多樣性而生的樹木

有些年邁或者垂死的樹木是鳥類、昆蟲或者其他生物的庇護所，必須被保存下來。在森林中，也必須在移除部分植被和維持灌木叢之間取得平衡。移除植被可以預防森林火災，而灌木叢則對其他動物而言有必要性。

1 生產

一小部分的森林被用來取得木材、生質能源、軟木、樹脂、蕈菇、牲畜……通常都是汽車可以到達的區域。

2 保育

須確保森林中大部分區域的生態功能和延續性。這點至關重要，尤其是若森林座落於受侵蝕或者崎嶇的土地上。

3 休閒

有些區域特別被設計為供人們拜訪設置了步道和休閒區。若需要對樹木施工（修剪枝葉、疏伐、砍伐……），必須注意不要過度影響景觀。

4 科學研究保留區

我們必須透過研究才可以知道現今的生態系統如何運作，才可以預見這生態系統未來的樣貌。因此，必須供科學實驗使用。

為了保護而砍伐

若樹木之間挨得太近，會長得不好，可能會有更多疾病和蟲災，此外，還會提升森林火災的風險。樹木生長時，必須修剪樹枝和疏伐，砍掉生病的樹，避免疾病傳染。森林中幾乎所有的樹木都成年時（樹齡介於 80 至 140 年之間），必須清出某些空地，讓新生的小樹生長。如此一來，森林能夠返老還童，增加它的生物多樣性。

西班牙栓皮櫟

狼

捉迷藏

要恢復生態平衡，必須保護某些動物，或者營造對某些動物的天敵有利的環境。透過動物留下的腳印、糞便、毛髮、羽毛、巢穴、洞窟、聲音等……我們可以知道林中有什麼物種。

標記用噴漆

牛肝菌

森林
雖新，
但貢獻
可不少

森林消失是一件非常嚴重的事。更嚴重的是，若肥沃的土壤流失，那麼森林就幾乎不可能自然恢復了，尤其是較陡峭的山坡和氣候較嚴峻的地帶，就更加不可能。因此，需要人為介入。有些復育工作可能看似荒誕。舉例來說，有時候必須移除所有「伺機而生」的植被，翻土讓新的樹木（和它的樹根）有空間生長。但注意，這就像是一場非生即死的手術，用意在於讓該處重新長出一片森林。就像是動一場外科手術，必然會留下疤痕，但疤會隨著時間抹去。事實上，某些植樹工程大大改善了生態系統，今日成了象徵性的空間。

不同的地方，不同的作法

我們採用空中播種的方式替無法抵達的區域造林，在水土流失的地帶建築橫坡壟和土堤，減緩侵蝕的速度；我們挖出微型盆地，或者設置捕霧系統收集供水。若山坡地形非常斜，則會使用蜘蛛式挖掘機……還有更多更多方式！

橫坡壟

選擇物種

這點在森林復育中幾乎可以稱得上是最為重要的一件事。選擇取決於地點（土壤、氣候、方位）和需求（急迫程度、保護、生物多樣性、生產力……）。

沙漠化

若少了具有保護功能的森林，肥沃的土壤會被雨水和雪崩捲走。失去保護，甚至就連風也能夠侵蝕土壤。再者，最糟糕的是若受到太陽攻擊，土壤會釋放部分儲藏的碳。

入侵！

小型食草動物瘋狂繁殖，速度之快，若牠們的天敵無法在那兒生存、無法阻止牠們，那將會變成災禍，吞噬作物。

歐亞鵟

老鼠

> 可以……
> 給我一點水嗎？

> 在遭受破壞的地點，栽種先驅物種

該死的泥漿

若沒有樹木減緩流速，雨水在山坡上滑落的速度會過快，將土壤捲走，挾帶大量的泥巴突然流進河中，泥巴和水量之多，最終會導致河水氾濫。所有這些沉積物使得河水非常難以被過濾和淨化，難以達到可飲用之標準。

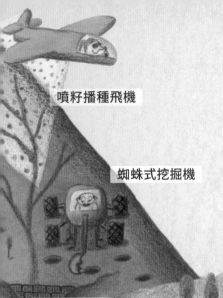

噴籽播種飛機

蜘蛛式挖掘機

石砌擋土牆

鄉村發展

若干年後，造林會帶來財富和美景。倚靠森林維生的地帶也是火災事故最少發生的區域。

籬笆與小樹林

雖然看起來像是拿掉供作物生長的空間，但種植樹木實則可以改善農地的生產力。

歐亞喜鵲

生物多樣性

多虧了新的森林，更多不同的物種（動物、植物、真菌……）都有空間和資源可以存活、覓食和繁衍。在頭幾棵樹的保護下，最為脆弱的物種得以成長茁壯。

歐洲赤松

繼續挖地吧！

植樹坑洞的最小尺寸為40×40×40公分。防護裝置必不可少，以防幼苗被動物吃下肚。

樹木當然扮演重要的角色！

田鼠

梣樹

赤楊松

歐洲栗

榆樹

蒙彼利埃楓樹

鱒魚

你可以
為森林
做些什麼？

我們是「森林依存者」。

對！就是這樣。我們需要森林，沒有森林我們活不下去。

因此，我們不該遺忘歷史，也不該重蹈覆轍。

人口不斷增長，我們改造土地的能力也跟著提升。

從前人類只有百萬人，今天我們可是有將近 80 億人口，

生活方式也與 12000 年前截然不同。

這人口數對地球而言是巨大的壓力！

好在，我們之中很多人也能夠照顧森林、保育森林，

以永續經營的方式使用森林，

因為如此一來我們也可以減緩全球氣候變遷的速度。

讀到這裡的你已經是森林的專家了，

已經知道你可以付諸許多行動，幫助森林。

現在輪到你出一份心力，該換你教教其他人了。

多一點木材！（少一點石油）

每次你選擇一個源自管理得當森林的產品，就是在照顧地球。現在擺在你家中的這個木頭製品是個真正意義上的二氧化碳儲存體，可以被生物降解，比起塑膠製品，它的製造過程對環境的衝擊少了非常多。於此同時，新的樹木在森林中繼續生長，自大氣中捕捉更多碳。購買這類型的產品是對抗全球氣候變遷最有效的方式之一。

你是誰的呢？

確保你購買的木材和木材衍生產品所來自的國家遵守環境法規，且尊重人權。千萬小心外來的木材！試著購買產自永續經營的森林的木材，且注意木材不可挾帶蟲災。

從森林到餐桌上

保育最佳的森林提供照顧它們的鄉村居民工作。因此，購買森林週邊製品時（家具、手工藝品、農產和山林畜牧食品），你也在保護森林。

森林需要你

森林中的垃圾多到超乎你的想像。垃圾被雨水捲走，最終落入河流和大海之中。下次去森林時，你可以把發現的垃圾順手撿起來。你也可以跟朋友一起組織淨林活動，或者報名參加志願者淨山活動。

栽種未來吧！

現在沒有森林的地方，未來可能會有……誰去告訴旺加里・馬塔伊一下！記得尋求森林專家的建議，因為你已經知道並不是所有的物種都可以（也不應該）在任何地方生長。尤其是要注意種子和植物是否健康，且都是本地原生物種。我們不要搞亂生態！別忘了向地主申請植樹許可，若你不曉得地主是誰，去當地的市政廳問問吧。

通報火災

每個人都應當成為森林的守護者。若你發現森林大火，請撥打「119」，別以為有人大概已經通報了，就不打電話。若大家都這麼做，你可以想像後果為何嗎？越早開始滅火，就越容易將山火熄滅。進到森林中務必遵守所有規範，並要求其他人也乖乖遵守。

從家中照顧森林

繼續閱讀關於森林的東西，尋找關於植物、鳥類等等的指南。書本也是二氧化碳的儲存體，因此，閱讀的同時你也在照顧地球！你也可以貢獻一己之力，讓你的小鎮或城市變成一條綠色走廊。打理花園，在窗邊或院子裡擺幾盆植物，藉此幫助蜜蜂和小鳥。

口耳相傳

森林沒辦法開口說話捍衛自己，但你倒是可以替它們發聲……分享你所知道的森林相關的事（讀完這本書後，你對森林已經瞭若指掌了）。但是，你也必須保守祕密，這才是困難的地方。若你發現鳥巢或是獸穴，若你看見保育類的動物或植物物種，若你發現某個絕美的地方，千萬不要告訴別人它們的位置！記得保護它們最好的方式就是讓它們難以被人找到。

犬薔薇

薰衣草

金盞花

西倉鴞

還有
幾件小事

我們一直提到生物多樣性，你大概聽得有些煩了。畢竟，你已經知道我們人類仰賴大自然生存，為了讓生態系統能夠良好運作，並擁有適應變化的能力，生態系統必須有些多樣化，且在彼此之間有所相連。

這本書中有許多生物多樣性的插圖：有超過 180 種物種，有樹木、灌木和其他植物、哺乳類動物、鳥類、爬行類、兩棲類、魚類和其他蟲子、真菌。括號中的數字是它（牠）們所在的頁數，但現在輪到你把它（牠）們找出來、辨識這些物種了。大部分的物種都是歐洲原生種（當然，如果我們是在歐洲閱讀這本書的話），甚至有些物種是生物指標，另外一些則是被馴化的物種。不過，我們也放入一些外來種，他們可能是入侵物種，另外一些可能是蟲災和疾病。看看你有本事把它（牠）們全找出來嗎！

索引

為大自然服務的科技

無論是在山野間，或者在實驗室內，我們都使用大量的器械、工具和機具來照顧森林。而且山中也有一些基礎設施。我們跟你說說在這本書中出現的東西都叫什麼名字。你可能聽過某些名字，另外一些可能對你來說很陌生。

Aereogeneradores 風力發電機 （65）
Aerosol para marcar 標記用噴漆 （81）
Ahumador apícola 驅蜂煙燻器 （56）
Atlas de semillas 種子圖 （47）
Autocargador 集材車 （65）
Avión de extinción incedios 滅火飛機 （76）
Avión para hidrosiembra 噴籽播種飛機 （85）
Bambi 滅火水袋 （76）
Barrena de Pressler 植物生長錐 （52）
Batefuegos 打火把 （76）
Buldócer 推土機 （76）
Caja nido 巢箱 （80）
Cámara de fotos 攝影機 （26）（29）
Campanas de vidrio 玻璃罩 （47）
Carlancas 狼項圈 （54）
Chapa para marcar 標記用鐵牌 （80）
Colmena Layens 蜂箱 （4）（56）
Contador Geiger 蓋格計數器 （37）
Cuaderno de campo 野帳 （2）（3）（93）（98）（99）
Flexómetro 捲尺 （48）
Dique de mampostería gavionada 石砌擋土牆 （85）
Dron para vuelo LiDAR 微脈衝雷射雷達無人機 （80）
Emisora 無線電臺 （76）
Envase forestal 育苗盤 （82）

（85）
Escala de peces 魚梯 （65）
Estación depuradora con filtro verde (EDAR) 綠色過濾汙水處理廠 （65）
Estación potabilizadora (ETAP) 淨水廠 （65）
Estación transformadora 變電所 （65）
Fajas 柵欄 （77）
Forcípulas 游標卡尺 （80）
Germinadora 育苗機 （47）
Helicóptero 直昇機 （76）
Jalón 標竿 （30）
Línea de evacuación 高壓電線 （65）
Lupa 放大鏡 （26）（29）（52）
Manguera （滅火、澆花用） 軟管 （72）（76）
Microscopio 顯微鏡 （50）
Mochila de incendios 森林消防背包水袋 （24）
Motobomba 抽水車 （72）（76）
Motosierra 電鋸 （52）（65）（73）（77）
Nube de puntos LiDAR 微脈衝雷射雷達 （79）
Oteadero 猛禽棲架 （77）

Pala 鏟子 （30）（89）
Pala franca 長柄鏟 （84）
Pico 十字鎬 （89）
Placas Petri 培養皿 （47）
Portátil 筆記型電腦 （76）
Prismáticos 雙筒望遠鏡 （26）（75）
Protectores forestales 植樹防護網 （56）（84）（85）（89）
Punto de captación de agua potable 飲用水取水點 （65）
Regadera 澆花器 （86）
Relascopio de Bitterlich 一種用於森林調查的多用途儀 （80）
Retroaraña 蜘蛛式挖掘機 （85）
Tableta 平板電腦 （80）
Todoterreno 越野車 （76）
Torreta de incendios 森林火災監測哨塔 （75）
Trampa de feromonas 費洛蒙陷阱 （80）
Tubos de ensayo 試管 （47）

獻給所有照顧森林之人，以及我們的孩子。

我們想要感謝拉法・阿隆索（林業工程博士、森林生態學專家）、雨果・馬西・希斯伯特（林業工程博士、昆蟲學家）和帕可・桑切斯・阿古多（生物學博士和鳥類學家），謝謝他們審閱本書的某些科學要點，也謝謝他們給予我們靈感，或者替我們解惑。許多學者在科普工作上貢獻良多，大大幫助了我們（雖然他們並不知情），也要對他們表示感謝，如蘇珊・西瑪爾（森林學博士、生態學專家）、費爾南多・瓦亞達雷斯（生物學博士、全球變遷專家）、馬可・卡斯特努（林業工程師、森林火災專家）以及哈維爾・馬德黎嘉（林業工程博士、森林火災專家）。最後，感謝卡洛斯・莫拉（林業工程博士、植物學專家）、費爾南多・戈麥茲・曼薩內克（生物學博士、地植物學專家）、阿豐索・桑米格爾（林業工程博士、牧場和動物群專家）以及貝德羅・蒙塞拉特（生物學博士、生態學和植物學專家），謝謝他們在我們求學期間所扮演的重要角色，謝謝他們教會我們用不同的視角觀看這個世界。

這本書中登場過的名人

（依造出現順序排列）

亞歷山大・馮・洪保德 （1769 – 1859 年）

德國地理學家、天文學家、自然科學家和探險家（雖然他在世時祖國為普魯士）。他的旅行對科學（植物學、氣候學、地質學）造成了巨大的影響。他是環保思想的先驅者，是第一位談論氣候變遷的科學家。

查爾斯・達爾文 （1809 – 1882 年）

英國偉大科學家。1859 年，搭乘小獵犬號遊歷後，他出版了著作《物種起源》，提出天擇的機制，顛覆了生物演化的概念。

卡爾・林奈 （1707 – 1778 年）

瑞典科學家、教授、科學家、植物學家和動物學家。他創造了生物分類法，以及屬和種的學名命名法系統。

蘇珊・西瑪爾 （1960 年～）

加拿大當代教授、研究員和科普推廣者，為森林學的專家。她研究母樹的理論，以及不同物種之間可以透過共生真菌網路合作互惠的理論。

珍・古德（1934 年～）

英國人類學家、動物行為學家、教授和科學家，是野生黑猩猩——基因上最接近智人的物種——的先驅研究者，為了動物的保育和福祉窮盡心力。他研究坦尚尼亞的黑猩猩的家族和社會互動，已逾 60 年。

黛安・佛西（1932 － 1985 年）

美國動物學家、科學家和保育人士，專門研究大猩猩，在非洲（薩伊和盧安達）從事研究工作逾 20 年，創立大猩猩研究中心。她遭盜獵者謀殺殞命。

桑地牙哥・拉蒙卡哈（1852 － 1934 年）

西班牙醫生、教授、人道主義者和科學家。他是神經科學之父，發現了神經元，1906 年獲頒諾貝爾醫學獎，為西班牙研究的一大指標人物。他曾拜訪埃斯普尼亞山脈（穆爾西亞）的造林場，說出他的名言「在山上造林，以及栽種智慧，是我們應當追逐的兩個理想，以增進我們的財富，博得各國的尊重」。

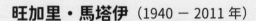

旺加里・馬塔伊（1940 － 2011 年）

肯亞政治家和生態環境保護運動支持者。她是第一位拿到博士學位的非洲女性，也是第一位得到諾貝爾和平獎的非洲女性（2004 年）。1977 年她發起「綠帶運動」，自肯亞傳播到整個非洲，對抗沙漠化、森林砍伐、缺水和鄉村飢餓等問題。

最後
一個建議……

森林是個美妙的場所，但拜訪森林時，你得稍微留意。穿上長靴，看清楚腳下的路，不要打擾任何人（若你需要抬起一塊石頭，試著用棍棒把它翹起來，以免被刺傷，然後務必小心地將石頭歸回原位）。千萬不要吃任何你不是很熟悉的東西（有些植物、果實和蕈菇容易被搞混，可能有毒）。回家後，檢查你的衣服、頭髮和所有身上最不可疑的角落（我說的所有指的是所──有），確保沒有把某個不速之客帶回家（沒錯，我們說的是蜱蟲。我們也覺得蜱蟲很噁心）。

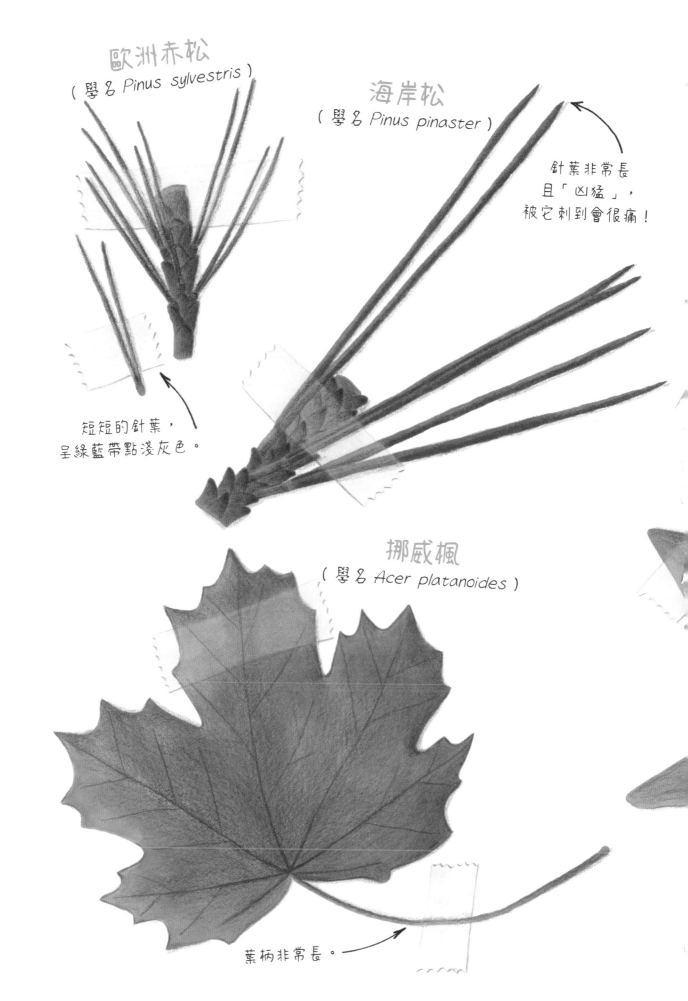

欧洲赤松
（學名 *Pinus sylvestris*）

海岸松
（學名 *Pinus pinaster*）

針葉非常長
且「凶猛」，
被它刺到會很痛！

短短的針葉，
呈綠藍帶點淺灰色。

挪威楓
（學名 *Acer platanoides*）

葉柄非常長。

圖解兒少埃及古文明

用藝術、古文物解密法老王的世界

時報出版

目　錄

三、古埃及文物藝術放大鏡

在開始前，我們先學學三種古埃及常出現的重要飾品：

尼美斯頭巾：法老的頭飾

象徵上下埃及的眼鏡蛇：避免法老受到敵人威脅的眼鏡蛇

門納項鍊：大珍珠項鍊

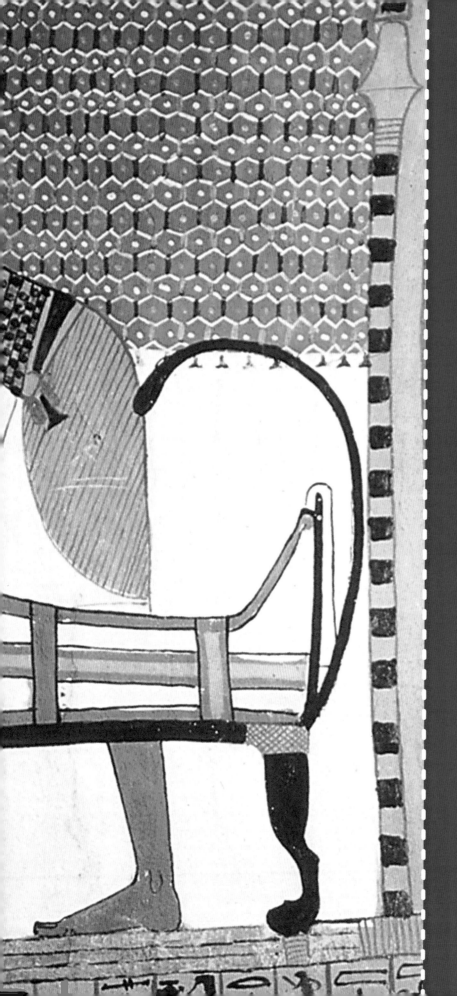

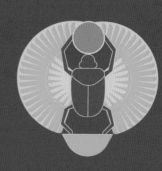

關於古埃及法老
一定要懂的12個知識

什麼是法老？

↖ 在涼亭裡的阿蒙霍特普三世國王
與母親姆特姆維亞（Moutemouia）
西元前約 1380 年，第 18 王朝

「百萬大軍也敵不過兩個埃及之主」
——梅利卡拉

👁 你注意到了嗎？

埃及法老被視為神明的化身，集所有權力於一身，領土包含非洲東北方，疆域拓展到近東和蘇丹。他坐擁整個埃及，土地上的所有人民、資源和動物都屬於他的。他同時也是政治首領、建造者、戰士也是祭司。我們現在稱古埃及法老所用的「法老」（pharaon），其實是從埃及文字「*per aâ*」而來，是「大殿、殿下」的意思。法老從小受到王室褓姆的教育與栽培，並且跟在他的父親身邊學習如何當個國王。很多法老在年紀很小的時候，就坐上了王位，治理埃及王朝。

輝煌的阿蒙霍特普三世時期

在許多偉大的埃及法老之中，西元前 14 世紀阿蒙霍特普三世（Aménophis III）所治理的時代，特別輝煌璀璨。左邊這幅畫是某個貴族陵墓裡的壁畫，展現了王室金碧輝煌的景象。圖畫中可以看到法老被母親環抱著，圖中個子嬌小的母親和偉大的法老形成對比。圖像下方：有一排跪著的小小人像，他們高舉雙手，正膜拜著法老。這一排小小人像，其實是被埃及法老所征服的敵人，他們臣服於法老之下。

法老——不可或缺的存在

法老扮演著非常重要的角色，維持埃及的穩定與保護傳統是他的主要任務。他在位時，就必須完成許多非凡的成就。同時，法老也要確保他的王國裡充滿著正義與秩序，來維持社會平衡。埃及的正義和公理女神瑪特時常站在法老的左右，我們可以從她頭上的鴕鳥毛認出她。

萬一女神和國王從埃及消失，那就糟了！這將會招致內戰、飢荒，甚至天下大亂！不過，這樣的情況其實在埃及發生了好幾次，古埃及人也將這些事件在藝術裡一一記錄下來。

勞碌命的法老

當法老不是件容易的事。他經常要和他的宮廷宰相們到各地巡查。需要去參加許多大型宗教祭典和儀式，留意身邊行政團隊的運作，聽取輔佐大臣跟官員們的建議。如果埃及受到威脅、發生戰亂，法老甚至必須親自帶兵上戰場呢！通常當上法老後，要做的第一件事就是建造新的紀念建築物，打造王室陵墓。可以是石塊堆砌的金字塔或是在底比斯（Thèbes）山谷中挖掘岩洞。

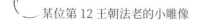

某位第 12 王朝法老的小雕像

法老的五個頭銜

埃及象形文裡的法老名號這樣寫：

 ❶荷魯斯（Horus）
站在城堡上的鷹神。

 ❷埃及兩位女神（Nekhbet&Ouadjet）
南邊上游禿鷹神——奈荷貝特和北邊下游眼鏡蛇神——瓦吉特，共同守護整個埃及。

 ❸金荷魯斯
一隻獵鷹站在一條項鍊上，項鍊代表「黃金」。

 ❹上下埃及之王
由燈芯草和蜜蜂的圖像組成，象徵著上下埃及兩地的對立。

 ❺拉之子
太陽之子（Rê），象形文由一隻鴨子與太陽寫成。

通常會像蟲繭形狀的橢圓右邊加上一條垂直線，框住法老的名字，因此也叫作「國王圈」或是「王名圈」

古埃及法老小檔案

法老被視為埃及神明的化身：

★ 他是整個埃及以及人民的唯一主人。

★ 法老是政治領袖，也是各種重大工程的負責人。

★ 法老是所有神殿和廟宇的大祭司。

★ 如果埃及受到攻擊，法老馬上變成戰爭的統帥。

法老就是萬能的存在！

古埃及總共有幾位法老？

早期王朝時代
西元前 3100-2700 年

王朝前時代

古王國時代
西元前 2700-2200 年

第一中間時期
西元前 2200-2050 年

中王國時代
西元前 2050-1710 年

莎草紙上的坑坑洞洞

想瞭解關於歷代法老的出場順序，我們必須讀很多歷史文獻才能知道。

古埃及都是使用莎草紙做紀錄，最有名的就是現在保存於義大利杜林的《莎草紙文書》（Canon royal de Turin），是一份寫著每個法老名字與尊號的國王名冊。但可惜的是，莎草紙非常脆弱，上面都是破洞……能保存到現在已經很不錯了。不過，還是有一些在陵墓裡記錄古埃及大事件的壁畫被保存下來。

最有名的壁畫就是阿比多斯神廟裡的浮雕了，上面雕刻了塞提一世（Séthi I）和他的兒子拉美西斯二世（Ramsès II）。他們正在向過去的法老致敬。對考古學家來說，這真是天上掉下來的禮物呀！但也要特別注意，名冊上常常會出現**東缺西缺**的現象，古埃及人會把他們覺得不適任的法老名字塗掉，是不是很調皮呢？

古埃及歷史——精采連連

史前時代是由一連串不同文化串連而成，而大約在西元前 3250 年，古埃及出現了第一位法老**納米爾**（Narmer），結束了史前時代。那是一個包含第一王朝和第二王朝的嶄新時代，我們稱作**早期王朝時代**。接著，左賽爾（Djéser）法老揭開了古王國時代的序幕，也是眾所皆知的**大金字塔時期**。然而在西元前 2200 年前，埃及王朝開始崩壞，四分五裂，進入了動盪不安的**第一中間期**。直到西元前 2050 年蒙圖霍特普二世（Montouhotep II）將國家統一後，開啟了**中王國時期**，隨後也造就**底比斯城**的興盛。而約在西元前 1710 年，遠從敘利亞－巴勒斯坦地區來的**西克索人**（Hyksôs）入侵埃及北方，導致埃及進入了黑暗時期。接下來，在埃及法老的

新王國時期的法老

埃及 4000 年歷史

最早的埃及王國大約出現在西元前 3300 年前，位於埃及南邊的尼羅河上游地區，而最後一位法老則是非常有名的克麗奧佩脫拉七世（Cléopâtre VII），大約是西元前 1 世紀。這段期間總共有**好幾百個法老**喔！

第二中間期
西元前 1710-1550 年

希臘羅馬時代 - 托勒密王朝
西元前 305-30 年

新王國時代
西元前 1550-1069 年

晚期王朝時代
西元前 664-332 年

第三中間期
西元前 1069-664 年

軍隊重整後，重新拿回了埃及，並開啟了**新王國時代**。整整五個世紀之久，埃及都是古代世界最具強權的王國之一喔！

不過，天下合久必分，分久必合。在西元前 1000 年左右，情況惡化，晚期的古埃及經歷許多外來者的入侵，敵人紛紛從利比亞、努比亞、亞述、波斯等各方而來。西元前 332 年前，馬其頓來的**亞歷山大大帝**（Alexandre le Grand），將埃及從波斯人手中解放出來，古埃及人將他奉為法老。亞歷山大去世後，由**托勒密一世**（Ptolémée）接手，當上了法老。而最後一位埃及法老——**克麗奧佩脫拉七世**（Cléopâtra VII），成功地讓**凱撒大帝**以及他的手下**馬克·安東尼**愛上她。不過這在大臣屋大維身上卻發揮不了作用，這位未來的奧古斯都大帝並沒有拜倒在克麗奧佩脫拉的石榴裙下。最終凱撒的繼承人屋大維入侵埃及，將最後的埃及王室後裔消滅殆盡。

祭司曼尼多

古埃及祭司曼尼多（Manéthon）是歷史上非常重要的人物，他是在最後一個王朝——托勒密王朝出現的人物。多虧了他，我們今天才能知道原來古埃及有三十一個王朝。

然而，至今仍還沒有找到曼尼多親手寫的文獻，只能從別人轉述他的話來知道這個人的存在。或許，他的文字仍躺在埃及亞歷山大城或是某個古老的圖書館深處，等待著我們去發掘呢！

考古高手
你知道整個古埃及歷史上有多少位法老嗎？

答：大約有 190-260 位就應很多喔！

古埃及人怎麼寫字？

👁 古埃及象形文字

　　古埃及人跟我們不一樣，他們不用我們現在的文字書寫，而是用畫的。畫出來的圖形，我們稱為象形文字。在希臘文中，將古埃及人的文字稱為「hiéroglyphe」，意思是「神聖的書寫」。目前發現，最早的象形文字大約在西元前 3300 年出現。古埃及人所寫的文字並不代表字母，而是許許多多不同的圖形來表示不同的事情，例如：動物、人、物品，連風景的一部分都可以用象形文字來表達。古埃及人稱象形文字為「*medou netcher*」，意思是「上帝的語言」。

象形文符號分三類：

意符：用一個圖像來代表一個我們想表達的東西。在圖像後畫一條直線，就能表示前面的圖像就是我們所指的動物。很簡單吧！

音符：這就比較複雜了。一些特定圖形是來表示聲音，有的是單音（例如：a、y、m、b……），有的是雙音（例如：ba、pa、ta、mi……），還有的甚至代表三個音，雖然這種情況較少，（例如：nefer、kheper……）。

限定符（相當於中文的偏旁）：出現在每個字母的後面，來更加清楚表達他想要表達的意思。例如，想表達「踏腳」的時候，要怎麼用象形文字寫出來？它的發音為「pat pat（啪啪聲）」，在字母右邊畫上限定符，即一雙腳，表示這個動作是由雙腳發出來的。

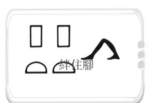

貓

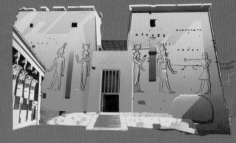

神廟文字遺跡

在埃及南邊菲萊神廟裡，有著用兩串象形文字拼出來的壁畫。第一面牆差不多是在西元 394 年 8 月 24 日所建造的，而另一面則是在西元 452 年。在這之後，法老的語言就漸漸被遺忘了，象形文字也被科普特語（copte）及阿拉伯語所取代。

象形文字拼字初體驗

現在，我們可以試試看，用法老的語言把自己的英文名字寫下來！左邊的圖表裡每個符號都對應到一個聲音，我們稱為「單字母」。但奇怪的是，這些符號都沒有母音，也沒有拉丁字母「e」。不過不用擔心！其實，古埃及的語言跟阿拉伯語一樣，就算有發音，也不會將母音寫出來。所以，我們只要找到自己名字裡面的子音，跳過母音，或是找到最接近的音寫下來就可以了！別忘了，也可以用圖表中的定語將自己的性別（男性）（女性）寫出來喔！另外，你只要像圖一樣，把自己的名字劃一個橢圓形的圈圍起來，就可以表示自己是王室貴族喔！

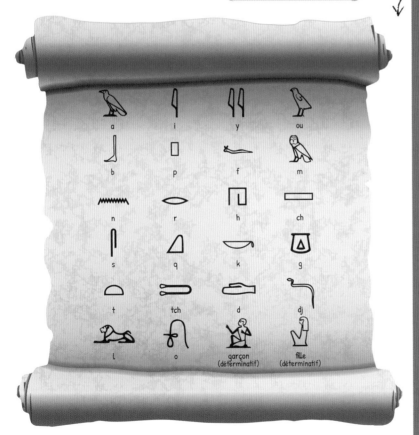

象形文字解密達人
——尚-法蘭索瓦‧商博良

語言天才

　　商博良（Jean-François Champollion）出生於洛特省菲雅克。這個愛作白日夢的孩子在學校的表現不是很好，但對語言卻情有獨鍾。

　　於是他的大哥賈克-喬瑟夫（Jacques-Joseph）決定助他一臂之力，盡力給他最好的教育。尚-法蘭索瓦便在哥哥的支持下學了許多不同語言，阿拉伯文、迦勒底王朝語、希伯來文甚至漢語！某一天，他在格諾布勒（Grenoble）圖書館讀了關於古埃及的書籍後，便做了一個改變他一生的決定，那就是成為古埃及象形文字的學者，解密已經遺失15世紀之久的文字。

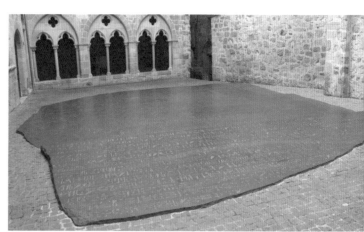

位於洛特省菲雅克的「書寫廣場」，你認出來了嗎？是羅賽塔石碑呢！

> 我想達到使用埃及文，就像使用我的母語法文一樣流暢的境界。
>
> ——尚-法蘭索瓦‧商博良

奇特的圖形

羅賽塔石碑

　　商博良之所以能成為一名傑出的古埃及學者，不僅僅是因為他有語言天分，也歸功於他對埃及古老的基督教語言，也就是「科普特語」上努力鑽研的成果。科普特語是由古希臘字母書寫而成，是乘載古代文化以及延伸古代語言的重要關鍵。商博良堅持不懈地學習科普特語，直到領悟出其中的涵義。多虧了**羅賽塔石碑**（la pierre de Rosette），商博良才能成功破解古埃及語。羅塞塔石碑上寫的，是一段同樣的內容分別以古埃及象形文字、古埃及通俗文字（démotique）以及古希臘文字等三種不同語文所寫出的。法國拿破崙將軍遠征埃及的時候，發現了羅塞塔石碑，但後來被英國人沒收。幸好，許多複製石刻文的拓本都有被保存下來。石碑的存在是很重要的線索，讓我們能**比較出不同的書寫方式**。隨著羅賽塔石碑的出土，歐洲各國便掀起了一股破解這個神祕文字的風潮，而商博良即是這場比賽中的大贏家！

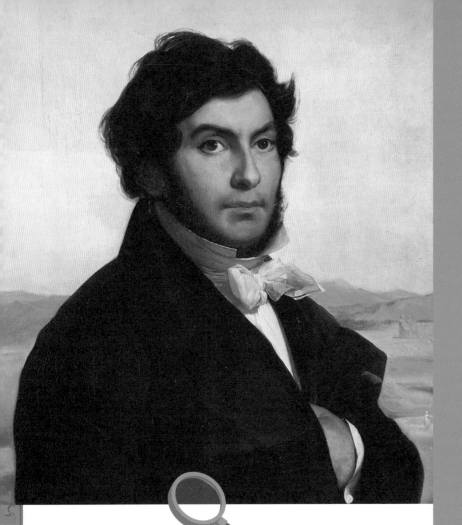

傳說中……

1822 年 9 月 14 日早上，尚-法蘭索瓦拿著一疊手稿興奮地衝進他哥哥的辦公室大喊：「我解出來了！」隨後立刻暈倒在地。

這樣的消息實在讓人振奮，畢竟憑著他多年的洞察力與驚人的毅力才解出古埃及語言的運作邏輯。而接下來，就剩下前往古埃及法老的土地上實際驗證了。

古埃及人的文字小檔案

複雜的古埃及語言是以象形文字書寫而成。

- 這些符號元素靈感來自古埃及人周遭生活的世界。

- 既是圖像，也可以是唸出聲音的符號，同時也代表一個概念。

- 商博良在 1822 年破譯了古埃及象形文。

👁 你注意到了嗎？

　　這幅由雷昂·科涅（Léon Cogniet）所畫的商博良肖像是埃及學家中最有名的一幅。商博良後方的風景底比斯城左岸，今天我們稱為路克索（Louxor）。那我們怎麼知道他後面的風景就是底比斯城呢？我們仔細看他右邊靠近他外衣那側，遠處有兩座巨大的雕像。這兩座雕像是門農雕像（Colosses de Memnon），近 20 公尺高，原本為阿蒙霍特普三世陵墓入口處的神像。畫家在這裡將解密達人的畫像和他最熱表的埃及土地連結了起來。

尚-法蘭索瓦·商博良
1790 年 12 月 23 日於洛特省菲雅克（Figeac）出生。
1832 年 3 月 4 日去世，得年 41 歲。

門農巨像

古埃及是圍繞著國王組織的社會嗎？

階級分明的社會 ①

古埃及金字塔非常適合拿來解釋古埃及社會的組成。

法老在金字塔的頂端，是王國中最重要的人，沒有他，一切都無從談起。

法老並不是獨自生活，在宮廷裡，有眾多伺候他的人。首先，與他最親近的人，便是輔佐他的參事團，是由大臣、內侍、侍從、總管以及法官所組成。再來是大小貴族們。這些人的墓穴裡，都有描述他們一生工作職責的圖文雕刻喔！

法老

貴族

祭司士紳

軍人

工匠

農民與工人

抄書吏與軍隊的職責 ②

抄書吏

「抄書吏」是整個法老行政機構的核心人員，他們負責編輯與記錄古埃及領地內糧食作物的收成與儲存，也會起草所有必要的法律文件。另外還有住在神廟裡的祭司們，負責日常的祭神活動。法老的**軍隊**是由應徵入伍的農民與職業軍人組成。軍隊統領則是由王室的王子或大貴族裡的成員擔任。

工匠 ③

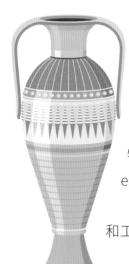

工匠們在工坊內負責製作王室家具與日常用器具,也會組成行會。而全國最優秀的工人都來自真理廣場,負責建造法老陵墓與製作器物。位於現在我們稱為麥地那(Deir el-Medineh)的村子。

不過古埃及社會的人口裡,農民和工人占多數,農民負責耕種,工人負責工地建造。

這些農民與工人生活非常辛苦,原本以為他們是過著奴隸般的生活。

但在目前出土的文獻中,有著他們薪資紀錄的行政文件,證明他們不是奴隸。

👁 你注意到了嗎? ④

場景發生在鄉村。在上排圖中,抄書吏在丈量麥田的人員陪同下,來到了收成現場和圖中右邊耕作這片麥田的人碰面。有沒有發現,有人把圖中的驢子圖案從牆上刮除,也許是因為驢子在當時並不是受歡迎的動物呢!

而在下排圖中,門納墓的主人站在篷子下,正看著豐收的景象,旁邊有一群記錄收成量的抄書吏,有看到一個抄書吏坐在穀物上嗎?在最左邊還有一輛馬車正等待著訪查計算結束。

在門納墓中的壁畫。

> ### 古埃及社會 ------ 小檔案
>
> 古埃及社會階級分明,由不同階層組成,所以想要在社會中往上爬是非常困難的事!
>
> 一般來說,兒子會繼承父親的行業。抄書吏這個職業是最受歡迎的,因為在古埃及社會裡,會讀和寫的人非常少,能夠成為抄書吏,就能確保生計。

金字塔是用來做什麼的？

令人嘆為觀止的陵墓

金字塔是專門建造給法老的陵墓，用來彰顯法老們的偉大，讓他們的名字永垂不朽。

這裡有三座在西元前 2600 年就建造的金字塔，分別是為三位法老古夫（Khéops）、卡夫拉（Khéphren）以及孟卡拉（Mykérinos）所建造的。最高的那座是古夫金字塔，有將近 140 公尺高呢！

你注意到了嗎？

在下圖的最後方金字塔為法老古夫金字塔。而他的兒子卡夫拉的金字塔頂端有一部分受石灰岩所覆蓋。這座金字塔看起來比父親的高聳，但其實只是在底座加墊了一層基底。而左邊這個最小的，則是孟卡拉的金字塔，比鄰父親與祖父的金字塔。

這三座金字塔看似屹立不搖，但實際上許多地方曾經被拿來當作採石場開採，用來建造開羅市，幾乎已經被毀壞殆盡。

首位金字塔建築師：印何闐

　　第一座金字塔是在約西元前 2700 年為法老左賽爾於今天開羅的南部拔地而起。這座金字塔被稱為「階梯金字塔」，看起來像一層層的階梯，就像下圖凱里諾斯王后的小金字塔一樣。這座金字塔的建築師名字就叫作印何闐（Imhotep）（意為：從和平而來，意為「歡迎！」）坐在寶座上的印何闐，腿上放著莎草紙，以抄書吏的形象呈現。印何闐死後，人們將他當作神來崇拜。現在出土的古埃及文物裡就有成千上萬個印何闐雕像呢！

印何闐的小塑像

「士兵們，想像一下，
從金字塔的頂端，
你們將俯瞰到，
40 個世紀的歷史。」

——拿破崙

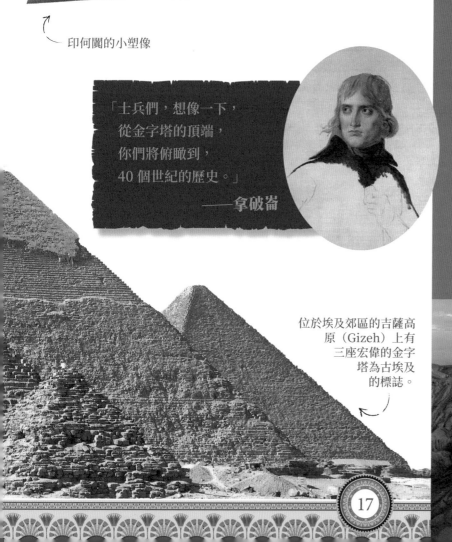

位於埃及郊區的吉薩高原（Gizeh）上有三座宏偉的金字塔為古埃及的標誌。

金字塔尋寶

　　在西元 8 世紀末，阿拔斯王朝哈里發馬蒙（Al-Mamoun）深信在古夫金字塔內深處藏有寶藏，便下令將醋澆灑在金字塔石灰岩上用火燒，就這樣鑿出了一條隧道。據說，工人們在金字塔內發現了一罐裝滿金幣的花瓶，而裡面的價值，正等同於哈里發馬蒙為整個尋寶所付出的開銷，由此可見，古墓尋寶真的很燒錢。

金字塔工程的凋零

　　金字塔主要分布在埃及北部。這些金字塔建於早期王朝時代至第二中間末期（也就是西元前 2700 年至西元前 1550 年）。之後開始移往底比斯城山谷裡。因底比斯本身的山形就如金字塔，後來的法老皆選擇將自己的陵墓設於山中，也叫作「帝王谷（vallée des Rois）」。這樣的決定讓法老們省下不少錢呢！

金字塔是怎麼蓋的？

這是一張孟卡拉金字塔的空拍圖。

你注意到了嗎？

金字塔的墓室裡有著安葬法老的石棺，內部也有許許多多隧道，但不開放通行。

有看到金字塔旁邊的建築嗎？這其實是好幾世紀以來祭祀法老的**神廟**，許多埃及的考古學家在這裡發現眾多皇室雕像。

建造謎團

要以百萬塊石頭建造出 140 公尺高的金字塔，究竟是怎麼樣的技術呢？古埃及人的字典裡是沒有「不可能」的，若要成功建造出這樣的建築，需要**縝密的規劃**，和**開採足夠的石材**，以及一大批**充滿勇氣的運石工人**將這些大型石塊堆砌起來。關於這些驚豔世人的金字塔由來，存在著許多不同的說法。其中最有名的大概就是「金字塔是外星人建造」的說法。希望大家別相信！因為這些建築都是實實在在的遠古工程。今天的我們也是藉由科技的幫助，才能對這些建築有更進一步地瞭解。

先進的工程技術

　　古埃及人會在斜坡上使用坡道技術，全都歸功於一種巧妙的工法。請看下方的示意圖：兩條斜坡階梯的中間是以磚頭所造出來的平滑斜坡。而在斜坡階梯的兩側幾根樹幹深深插在地下，只露出上半部。古埃及人將繩索綑綁在運送石材的牽引板上，並纏繞在大樹幹上。接著，一群人一鼓作氣地拉著繩子下階梯，完成將石材向上抬升的工作，而大石塊也就這樣慢慢地被送往高處的目的地了。

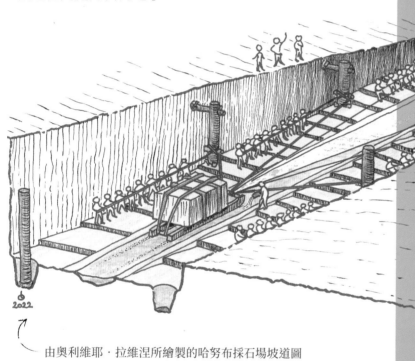

由奧利維耶‧拉維涅所繪製的哈努布採石場坡道圖

巧思與善用工具

　　古埃及工人們所用的工具很簡易，有槌子（通常是木槌）和銅製剪刀。

　　但是銅製剪刀並不耐用，很常扭曲變形，耗損得很快。幸好古埃及土地裡有許多砷，可以強化銅製器具。真是令人難以想像當時的工程成本是多麼可觀！

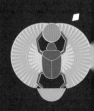

古墓裡真的有寶藏嗎？

最不可思議的寶藏

1922 年 11 月，英國考古學家霍華德·卡特（Howard Carter）在帝王谷裡發掘了保存非常完整的法老陵墓。這位法老就是**圖坦卡門**（Toutânkhamon）。這個令人振奮的消息傳遍了全世界。**數千件的文物**就在眾目睽睽下從陵墓出土，重見天日，直到今天仍是見證西元前 1330 年古埃及新王國時期最可貴的見證。這位少年法老只統治王國 10 年就因左腿疾患而亡。不過，他確實是一位偉大的君王，多虧了他，我們才能更加瞭解皇室的葬禮儀式。

誤打誤撞的大發現

正當霍華德·卡特在執行最後一次探勘行動時，就是圖坦卡門重見天日的時刻。當時卡特贊助人卡那封伯爵（Lord Carnavon）覺得帝王谷已經沒有什麼東西可以探勘了。這個想法真是大錯特錯！幸好卡特將目光轉向在拉美西斯六世陵墓旁的瓦礫堆。這就是發現圖坦卡門陵墓的瓦礫堆。而發現圖坦卡門陵墓的人，是一位負責替考古學家們送水的當地男孩拉蘇爾（Hussein Abd Eel-Rassoul）。

1922 年圖坦卡門陵墓被發現時的景象，繪於 1922 年 11 月。

詭異的傳聞

墓室被打開之後，新聞報紙開始流傳一則奇怪的傳聞：凡是闖入法老陵墓的人物都受到了詛咒……4月5日的死訊及其餘至少 8 人陸陸續續傳出死亡的消息都讓人感到相當驚悚！但事實上根本沒有這回事，只是新聞報導駭人謠傳罷了！

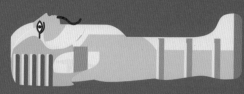

金字塔古墓小檔案：

★ 圖坦卡門的陵墓是 20 世紀的重大發現之一。

★ 這是帝王谷內僅存唯一於新國王時期沒有被盜墓的法老陵墓。

★ 至今許多埃及考古學家仍在研究這幾千件從圖坦卡門陵墓出土的文物。

★ 它見證了圖坦卡門在位 10 年間的輝煌景象。光是在位 10 年的法老陵墓，就如此地金碧輝煌，更何況是在位長達 70 年的拉美西斯二世的陵墓呢？

你注意到了嗎？

　　請看左下方示意圖：這是圖坦卡門陵寢的墓室還原圖，也就是考古學家卡特與卡那封伯爵所發現的陵墓。但是為什麼會有那麼多金銀財寶呢？事實上，這些琳瑯滿目的寶藏是法老的生活用品，等待著法老死而復生的時候使用。從他的內褲、襯衫、玩具以及珠寶，甚至是權杖和聖像一應俱全！這樣一來，圖坦卡門在下輩子就衣食無缺了！他可以在裡面從事任何想做的事：化妝、吃飯、睡覺、向天神祈禱、打獵、開他的戰車……他的陵寢就是他永遠的家！所以說，陪葬品裡面，也會有一些花瓶和僕人的小雕像，讓他們能夠在下輩子繼續陪伴法老。

霍華德・卡特 小檔案
英國人
生於 1874 年 5 月 9 日的倫敦西部肯辛頓（Kensington）
1939 年 3 月 2 日於肯辛頓過世，得年 64 歲

卡那封伯爵和霍華德・卡特在圖坦卡門陵墓裡的對話：
「您有看到什麼嗎？」
「有，我看到的是滿坑滿谷的奇蹟！」

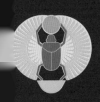

為什麼有木乃伊？

阿努比斯（Anubis）正在為死去的工匠
賽內珍姆（Sennedjem）的木乃伊祝福。

👁 你注意到了嗎？

死者會被送往防腐處理室。在那裡祭司們會接管所有從大體到木乃伊製作的大小事：

清理大體、除毛、將器官摘除，接著放進甕中，以奈純（natron，一種天然結晶鹽）陰乾，並塗上油膏，最後用亞麻繃帶纏繞。而且祭司大多會戴上代表防腐之神阿努比斯的豺狼面具進行祝福儀式，而木乃伊最後被裝入木棺，再放入墳墓中。

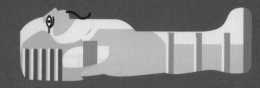

千百萬個木乃伊

　　說到古埃及人，那就絕對得提及古埃及人奇特的習慣：**木乃伊**的製作。在史前時代，古埃及人是直接將亡者埋進沙坑裡。沙子不僅會使大體乾燥也能將它完整保存，就連頭髮都可以保存下來喔！這也許就是古埃及人開始發展製作木乃伊技術的原因，可以讓死者大體在沙子以外的地方保存下來。

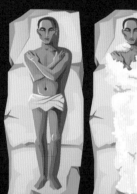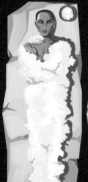

木乃伊製作的方法。

各式各樣的木乃伊

　　其實並不是只有人類木乃伊，古埃及人會將所有的生物製作成木乃伊。現在已找到**貓咪**、**狗**、**甲蟲**、**蛇**、**瞪羚**以及**獅子**的木乃伊喔！還有在巨大的木棺裡找到公牛的木乃伊呢！但是，為什麼會有那麼多動物的木乃伊呢？其實是因為將動物製成木乃伊下葬，是向神祇傳遞訊息最好的方式。例如，貓咪木乃伊是獻給芭斯泰特女神（Bastet）的祭品。目前出土的木乃伊數高達千百萬個，可見當時木乃伊製作的需求量非常大呢！

吃木乃伊頭好壯壯？

在歐洲中世紀時期，就已經知道木乃伊的存在了。尤其到了文藝復興時期，船隻將埃及木乃伊運到歐洲給藥師當作藥材使用。據說木乃伊磨成粉末後，可以治療跌打損傷、有止血的功效，還能恢復體力！幸好到了 16 世紀安布魯瓦茲・帕雷（Ambroise Paré）醫生澄清了這個謠言，人們才停止食用木乃伊粉末。你能想像木乃伊的味道是什麼樣子嗎？

感覺不是很好吃吧……

木乃伊製作

木乃伊製作是古埃及所發明的技術，經過防腐師一道道的程序才能將木乃伊製作完成。目的是為了保護逝者的遺體，讓他們到來世繼續生活。能夠將指紋與頭髮都完整保存的木乃伊，就是品質最好的木乃伊。木乃伊會永久存放在木棺中。但千萬要小心不要破壞木乃伊，不然死者會化身為惡靈跑出來喔！

古埃及有女性統治者嗎？

王后、王子與公主

　　法老身邊有許多皇室成員陪伴，而王后又被稱為「大王后」，在法老身邊輔佐、聽政。她同時也扮演著重要角色，尤其在外交方面，時常與其他國家的王后進行交流。在祭祀方面像是阿肯納頓（Akhénaton）的妻子奈芙蒂蒂王后（Néfertiti），在新王國時期，約西元前 1350 年有著舉足輕重的地位。有些王后也會因為繼承人年紀太小沒辦法統治，成為治理者。新王國時期的大王后皆被葬在位於盧克索左岸的帝王谷中。不要忘了，古埃及的最後一任統治者就是**克麗奧佩脫拉七世**呢！她起初也是埃及王后，隨後擺脫兄弟、丈夫獨自攬權執政。

👁 你注意到了嗎？

　　左圖是泰伊王后（Tiy）的小雕像，是阿肯納頓的母親。她擁有「阿蒙神之妻」（Amon）的封號，身穿新王國時期皇后的服飾。她的長裙上有著羽毛的圖案，左手拿著象徵皇后的花卉權杖。

　　泰伊王后的頭飾，前額有兩隻眼鏡蛇，飾品兩側的弧度勾勒出她頭部的線條。這裡的禿鷹代表「mout」這個字，即「母親」的意思，代表她是生下王室繼承人的女性。

站在阿蒙霍特普三世旁的泰伊皇后。

拉美西斯三世與兒子阿蒙何寇謝夫

拉美西斯三世與兒子阿蒙何寇謝夫

在神廟或陵墓壁畫中的皇室小孩常伴隨在父母親身邊。男生女生都一樣，他們通常剃頭髮，只在一邊留一撮髮飾妝點。小王子和小公主們在宮中長大，接受良好的教育。通常男生進入行政部門或軍隊裡，女生會變成貴族名媛或女祭司，並嫁給高級官員。

古埃及家庭組成

皇宮貴族通常是大家庭，法老會有許多妻小，皇室繼承人是由大王后負責生下。古埃及的公主是不能和外國人通婚的，因為王位血脈是由女性傳承。否則可能會同時有好幾個皇朝存在的情形發生！而王子與公主們通常都在皇宮裡被照顧得無微不至，並在成人後擔任宮中要職。

古埃及女戰士

王后也是可以上戰場的！在第二王國時期時約西元前 1600 年，王室女性就曾經率兵抵擋過外族希克索斯人。愛赫特波王后（Iâhhotep）就是一位有名的女戰士。她的陵墓在 19 世紀時出土，人們發現她的墓中有武器以及象徵戰爭的三隻大蒼蠅圖案項鍊作為陪葬品。傳說中她倚仗著兒子阿摩斯 (Ahmose) 的權勢，成功趕走了希克索斯人，保住了埃及。

王后的頭銜

在文獻裡，王后經常會有許多不同的頭銜註記在她的橢圓形王名圈旁。像是奈芙蒂蒂（意思是「美人降臨」）。她既「備受讚譽」也是「優雅的女士」，更是「充滿柔情」，乃至「法老的最愛」。「備受寵愛」「擁有魅力」且唯一「能讓法老的心平靜下來的人」。比起法老直接對王后愛的告白，這些頭銜都是法老深愛著王后的有力證據！

「如果克麗奧佩脫拉的鼻子長一吋，或短一吋，世界或許就會不一樣。」
——布萊茲・帕斯卡

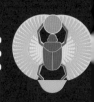

古埃及有多少神祇？

底比斯帝王谷，拉美西斯一世神廟壁畫

你注意到了嗎？

這是建立第十九王朝的法老拉美西斯一世陵墓的壁畫。已故的法老在來世通常都有埃及神祇與他作伴。在壁畫的右半邊有著四個手牽著手的人物，從左到右分別為鷹頭雙冠的荷魯斯、拉美西斯一世、太陽神阿圖姆（Atoum）以及女戰神涅伊特（Neith），他們站在死者之神歐西里斯（Osiris）面前。歐西里斯擁有綠色皮膚以及插著兩隻羽毛的白王冠，坐在寶座上。

在他的身後背對背的神祇，就是象徵日出的凱布利神（Khépri），特徵為臉是一隻聖甲蟲。而法老正在向祂獻祭。最左邊單膝下跪的三個人物，從左到右依序為荷魯斯、拉美西斯一世以及阿努比斯。荷魯斯與阿努比斯正是象徵原始南北埃及的兩位神祇。

數以百計的埃及眾神們

古埃及宗教經歷了數千年的演變至複雜的樣貌。某些埃及神的傳說在歷史中的某個時間出現，也有些在另一個時間點消失，或和其他的神

歐里西斯　伊西斯　芭斯泰特　賽赫邁特

天大的玩笑

古埃及對於世界的誕生有多種說法。其中一種說法是寶石以及首都孟菲斯（Memphis）之神普塔（Ptah）在說話時創造了世界。先是光和大地，接著是眾神們。而眾神們在談天說笑的時候，開始玩起了文字遊戲，不小心就將人類創造出來！原來我們是埃及眾神開玩笑時，不小心出現的產物啊！

複雜的大家庭

由眾神所組成的家庭常有關係變得緊張的時候。他們會打架、互相謾罵也會捉弄對方。我們是從神廟、石碑或是莎草紙上所刻的神話得知這些灑狗血的劇情。

祂們有時是人的形態或是動物的形態，也有時是半人半獸的樣子。祂們的脾氣壞歸壞，但是所說的話都是事實，因為只要是祂們說出來的話都會成真。

四面八方來的神

古埃及宗教對外來神祇的接收度非常高，有許多從外國傳來的神都能進到眾神的殿堂裡喔！

融合，以新的形式出現。

　　古埃及人信奉許許多多不一樣的神，為多神信仰。他們創造出不同的神祇來解釋不一樣的自然現象，例如：太陽、尼羅河氾濫。有時，也會用來解釋抽象的概念，例如：愛、真相、公平正義，或是不同的事件（戰爭、寫作）。

　　這些神祇有時會以人的樣貌出現，或是以動物的身形出現，千變萬化的眾神型態令我們現代人非常著迷，更別說每個時代都有各式各樣的神祇，數量大概有幾百種，非常可觀！

神廟是怎麼運作的？

神祇的居所

　　神廟就是神祇的家。目前已經知道，古埃及最早期的神廟是由泥磚和木材搭建而成。除了這個資訊以外，我們對它們的瞭解甚少。大約從中王國時期（約西元前 2000 年）古埃及人開始以**石材**蓋神廟，並且逐年擴建，也就是今日，我們還能看見專門供奉阿蒙神的雄偉**卡奈克神廟**（Karnak）。

阿蒙神雕像會以珍貴的材質製成，並供奉在神廟內殿。每天祭司會以法老的名義負責祭拜神像，獻上供品。當有重大節日時，神像則會被抬出神廟並進行遶境。另外，也有祭拜已故法老的廟宇，由神職人員負責各種儀式。

卡奈克的阿蒙神廟

古埃及神廟小檔案

古埃及神廟是個神聖的地方，只有祭司和法老能夠進出，外人只能在第一廳堂，特別是重大節日的時候。

★ 神靈住在神廟中心的內殿裡，但常常會以坐轎子的方式出巡。

★ 祭祀儀式會每天在神像前進行。

★ 理論上法老是唯一能舉行祭祀儀式的人，不過大祭司可以代替法老執行。

阿蒙神廟

底比斯左岸阿蒙霍特普三世神廟示意圖。由尚-克勞德·寇爾文（Jean-Claude Golvin）所畫。

你注意到了嗎？

　　請看看上方的圖，這是法老阿蒙霍特普三世的神廟。這也許是尼羅河左岸當時最宏偉、壯觀的建築了！但今天只剩下斷垣殘壁，考古學家現在仍繼續努力挖掘更多遺跡。看看圖裡大門兩旁的巨型雕像，層層大門引領至神廟。圖的左邊為各式各樣的商店，賣著琳瑯滿目的祭品與商品，拿來祭祀或是支付給神職人員的物品，是個非常熱鬧的商圈呢！

大祭司

理論上，法老是國家裡面唯一的祭司。但因為他無法隨時隨地、也無法同時出現在各個神廟裡，所以他將這個任務託付給大祭司們。這些祭司則負責代替法老完成工作。例如，左下方的雕像，就是祭司在祭祀的時候會擺出和先前看到拉美西斯一世陵墓的壁畫上所做出的姿勢，左手放在胸前，右手高舉。這個姿勢在儀式裡被稱為「荷努」（henou），既有「祝賀」的意思也有「讚頌」的意涵。他應該是正在一邊拍著胸脯，一邊向神靈吟唱祈禱文。

法老祭祀像

關於賽赫邁特的傳說

在靠近卡奈克神廟城北的地方有著一個專門供奉普塔的小廟。1900年時，法國考古學家喬治·樂各昂（George Legrain）在那裡面發現了賽赫邁特（Sekhmet）獅子女神的雕像。她是一位具有神奇魔力的女神。傳說，如果沒有把她修復完整的話，村裡的孩子就會被吃掉！如今，人們仍繼續祭拜著這位女神。這個古老的傳說，說不定還是很靈驗呢！

真神奇！

每間神廟，就像一個部門劃分確實的大企業。在卡奈克，大約需要八萬多名男性來維持神廟、田地以及軍隊的運作喔。

古埃及神祇
與法老們

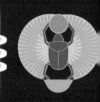

南 v.s. 北，莎草與蓮花

吉薩金字塔

人面獅身

代赫舒爾金字塔

尼羅河

帝王谷

哈特謝普蘇特神廟

路克索

菲萊神廟

阿布辛貝爾

上下埃及

　　埃及是由兩片土地所組成的。

· 北邊是尼羅河下游的三角洲，也稱為下埃及，因為形狀就像希臘字母 Δ（delta）一樣的三角形。這裡是片綠色沼澤地，有著尼羅河流過的不同支流。

· 南邊是尼羅河上游河谷，也稱為上埃及，是寬度不超過 10 公里的帶狀肥沃土地。

「埃及是尼羅河的贈禮。」

——希羅多德

第三片土地

　　有時候我們也會稱上、下埃及的中間為「中埃及」。它的範圍大約在尼羅河第二大支流，流向法尤姆（Fayoum）大綠洲的方向，這也是一塊肥沃的土地。

 你注意到了嗎？

這個以方解石（大理石的一種）所做成的花瓶，論技術的話堪稱傑作！

雕刻家竟然在不破壞石頭的情況下，成功雕出植物長條形的圖案。花瓶的瓶口很大，這些植物的莖在瓶頸上纏繞成一個結。數一數，右邊有四根花莖，每個末端都有一朵花。這朵花是代表上（南）埃及的蓮花。

而左邊，同樣的植物紋路，但並不是花，是紙莎草的莖和他彎曲的傘型，代表著下埃及（北）。再看看花瓶的下半部，也是同樣的結構組成，象徵著上下埃及的對立。

考古高手

這個兩種植物交纏合一的圖像在古埃及文化中非常常見。我們可以在法老的王冠上或是在神廟、建築物的柱子上找到。而在古埃及文裡，這個圖案叫作塞瑪塔威（*semataouy*），意思是統一兩地的人。這是為什麼呢？是因為法老的職責就是要維持國家統一，上、下埃及合一的狀態。

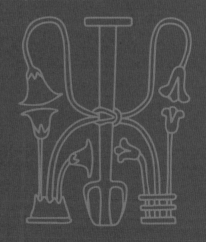

製的香水瓶

髮型、頭飾與流蘇

髮型三十六變

　　古埃及人對髮型情有獨鍾。在陵墓的壁畫上或是雕塑所刻畫的男生、女生都戴著假髮，這其實是權貴的象徵。我們至今還能看到一些當時保存下來的假髮，就是因為那時候的擁有者將它們小心翼翼地放在箱子裡，一起下葬。假髮有不同的長度，有直有捲，甚至可以編成辮子，造型非常多變。在那個時代就已經出現像燙髮片的產品或是動物油脂混精油的髮膠了喔！

法老的髮型

　　法老會隨著自己不同的任務和在不同場合，戴上不一樣的王冠。下列是法老的四種髮型象徵的意義：

白王冠
象徵上埃及

紅色
象徵下埃及

紅白雙冠
象徵埃及兩地統一

藍王冠
在新王國時期出現，是和「勝利」有關的象徵意義。

> **古埃及髮型小檔案**
> 古埃及人非常在意自己的髮型，讓美髮師天天忙不停！
>
> 當時的女性偏好有捲度以及複雜的編髮造型，追求花俏的設計，讓人遠遠一看就知道她與眾不同！

尼美斯頭巾（némès）

　　是藍黃相間的條紋頭巾，從舊王國時期就有了。像是著名的圖坦卡門像上面的頭巾，兩條長條形的布料披在肩上，後腦勺是辮子的形狀。前額會有一隻眼鏡蛇，象徵著女神瓦吉特，牠會向任何侵害領土的敵人噴吐毒藥來保衛國家。

烏瑟阿特（Ouserhat）的母親與妻子。

古埃及婦女可以留短髮，但是頭戴長假髮的造型才是最經典的髮型。

經典款的假髮可以分成三種款式：其中兩種是分別到肩膀跟胸前的長髮，其餘的往背部放。不過在新王國時期，假髮體積越變越大，甚至會覆蓋女性的整個上半身。有些優雅的款式，會有緞帶以及刺繡，有的也會插花。有沒有看到左邊圖裡的兩個婦女所戴的奇怪角狀物呢？這其實是裝有香膏的器皿，來表示這兩位女性是有噴香水的。這樣推想，本人應該不太可能真的把那麼重的東西帶在頭上吧？你覺得可能嗎？

西特哈索爾羽內特（Sithathoryounet）公主的頭飾。

每個人一定都要有一頂！

看看這個！這就是中王國時期公主的假髮。辮子上有一圈圈金色的小髮圈裝飾著。是不是很漂亮呢？

假髮其實也是用來展現自己魅力的利器、當一個女生想要引起男性的注意時，她就會跟男生說：「看看我，我戴著漂亮的假髮喔！」

千變萬化的太陽神

太陽神拉

太陽是古埃及人心中最重要的神。祂在一天當中，不同的時段會呈現出不一樣的型態。他能趕走古埃及人最怕的黑暗，使生命延續下去。想像一下，如果他們遇到日全蝕會是什麼反應呢？

拉-哈拉胡提神乘駕著扁舟。

午時，變身！

當太陽高掛在天頂時，就會變成一個頂著太陽圓盤的鷹頭男子。神祇這時被稱為「拉-哈拉胡提」（Rê-Horakhty），意思是「拉是地平線上的荷魯斯」。全部的古埃及人會搭船遊河，當然神靈也會。他們會搭神聖的太陽船遨遊天際。還有代表「真知之眼」的眼鏡蛇也會在上面。

黎明，太陽變甲蟲

古埃及人觀察到太陽在天際的推移，就像是糞甲蟲會推著圓滾滾的糞便往前走，因此將這兩者做了連結，變成天空中有糞甲蟲在推著太陽走！有看到下面墜飾中間的紅色圓形嗎？那就是從地平線升起的太陽！而這雙翅膀意味著在蒼穹中推移的樣子。

這裡還有個冷知識，圖坦卡門的名字正藏在這個小墜飾裡面。

我們可以這樣解讀：最底部的綠色半圓形是「尼布」（neb），再來糞甲蟲和三條紅色條紋叫作「克佩路」（kheperou），最後紅太陽代表的是拉神，解出來的意思就是「拉神是萬物的主宰」，二合一的概念喔！

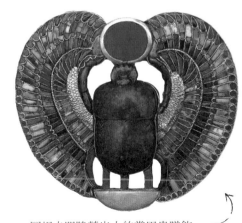

圖坦卡門陵墓出土的糞甲蟲墜飾。

拉美西斯一世的壁畫

👁 你注意到了嗎？

　　圖中間站著一位平角的公羊神，祂是阿圖姆，第一個從黑暗中迸射出來的太陽，是創世之神。祂在麥塞克泰特的船上有個保護罩，這個保護罩是由眼鏡蛇圍繞所組成，在夜晚時進入冥界時使用。入夜後，太陽會在冥界運行十二個小時。這條路上布滿荊棘、重重關卡，必須謹慎，千萬不能大意。不過不用擔心，其他眾神會保護祂，直到祂在清晨時以甲蟲的形象再現！而古埃及人對於白晝黑夜的詮釋，就是以這樣的方式無限循環。

太陽神小檔案 ----

太陽神是一位可以在一天中變化三次的神祇

★ 早上是甲蟲

★ 中午是獵鷹

★ 晚上是公羊

日復一日，無限輪迴。

「但在黎明時分，當你從地平線上升起，
　你就驅走了黑暗，射出了光芒。
　這時，雙重國度在歡慶，人類醒了，站起來了；
　是你讓他們站起來的！」

—— 《阿頓頌詩》

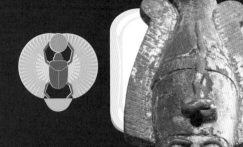

第一位法老
——歐西里斯

第一位法老

歐西里斯神是大地之神蓋布（Geb）和天空女神努特（Nout）的兒子，也是四位弟妹中的大哥，弟弟賽特神（Seth），以及兩位妹妹伊西斯神（Isis）和奈芙蒂斯神（Nephthys）。在神話裡，歐西里斯娶了伊西斯，賽特則是與奈芙蒂斯神結婚。

你注意到了嗎？

一開始，歐西里斯統治著古埃及比較肥沃的土地，賽特則統治貧瘠的沙漠。某天兩位神祇起了衝突，賽特在怒火下決定殺掉歐西里斯。賽特之所以會生氣，是因為歐西里斯誤將奈芙蒂斯認成伊西斯，害奈芙蒂斯生下了有著胡狼頭的小孩，也就是阿努比斯。賽特發現後，為了要報仇，特別製作了一個棺材，並辦了一場宴會來招待歐西里斯。在宴客時，賽特成功將歐西里斯騙進棺材，然後一鼓作氣把棺材封死，丟進尼羅河裡。

後來，伊西斯試著找回歐西里斯的身體，但賽特又來攪局。他將歐里西斯大卸四十二塊，將屍塊分散在埃及境內的各地。伊西斯努力奔走尋找身體的碎塊，雖然差了一部分，但所幸歐西里斯仍然成功復活了。最終歐西里斯無法再次成為人間的王，而是成為冥界的王。

這座歐西里斯漂亮的雕像，祂全身以裹屍布包覆，戴著王冠，雙手各拿著兩支權杖，一支是彎勾權杖赫卡，另一支是連枷內卡卡。

歐西里斯雕像

歐西里斯的審判

人死後會來到歐西里斯前審判。人的心會被放在天秤上，看看有沒有特別偏向一邊。如果審判者表現良好，就能繼續到下一個階段。如果不好的話，等在旁邊的猛獸如：母獅、鱷魚或是河馬，就會把人心吃掉。

歐西里斯的祭典

每到洪水氾濫退去後，古埃及人便開始慶祝「索卡節」（Sokar），慶祝歐西里斯與作物發芽的節日，大家脖子上會掛一串洋蔥來慶祝喔！

花田裡犯的錯

歐里西斯犯的大錯，就是把自己的妻子伊西斯和賽特的妻子奈芙蒂斯認錯。

根據希臘作家西西里的狄奧多羅斯所說，其實伊西斯和奈芙蒂斯本來就是雙胞胎姊妹，兩人長得一模一樣，根本分不出誰是誰。

但歐里西斯不小心遺留了讓賽特找到的線索……歐里西斯往尼羅河去時，在沙漠裡留下了一頂用草木犀做的黃色花圈。賽特發現這頂花圈後便知道發生了什麼事……所以做壞事要小心，記得不要留下痕跡呀！

就是他！

> 「歐西里斯想要為人類服務，進而取得榮耀，
> 計畫走遍地球，召集了一大批軍隊，
> 傳授人類怎麼種植葡萄、
> 播種大麥和小麥的技術。」
>
> ——來自西西里的狄奧多羅斯
> **(Diodore de Sicile)**

歐西里斯神話小檔案

歐里西斯在他被暗殺前是古埃及的第一個法老，也是一位對於農作物收成有貢獻、帶來文明的散播者。但是死後變成了死者們的法老、永恆之王。多虧他的兒子荷魯斯在人間的影響，讓他在陰間也能持續關注著生前所照看的大地。

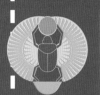

雙胞胎姊妹
伊西斯與奈芙蒂斯

考古高手

還是有個疑問：如果她們兩個是雙胞胎姊妹，那我們要怎麼分辨誰是誰呢？

這裡有個小訣竅！古埃及人想到一個方法，就是把女神的名字寫在祂們頭上。這樣一來，就不會弄錯了。頭上頂著一個寶座圖形，就是伊西斯。若頭上頂著像是「房屋」的象形文字，那就是奈芙蒂斯。很聰明的辨別方法吧？

古怪神話

伊西斯是因為祂所施的咒術而受孕。當伊西斯正在為歐西里斯唸復活咒語時，伊西斯變身成一隻鳶在祂丈夫的肉身上盤旋。就在這個時刻，祂懷了寶寶。而這個寶寶就是將來的荷魯斯，即將和賽特大戰，爭奪古埃及統治的王位！

你注意到了嗎？

伊西斯和奈芙蒂斯姐妹倆是雙胞胎。伊西斯嫁給了歐西里斯，和祂一起住在尼羅河邊。伊西斯教導婦女紡織技術。至於奈芙蒂斯，跟丈夫賽特住在沙漠裡，沒有小孩。這就是為什麼當歐西里斯把祂跟祂姊弄錯的時候沒有出聲。

兩姐妹都具有讓法老復活的能力，並負責所有起死回生的儀式，所以常會出現在木棺和埋在陵墓裡的雕刻上。祂們也是死者的守護神，將所有死者當作歐西里斯一樣細心照看。

> 「祂們兩位威猛的姐妹，
> 將祢的肉體碎塊縫補、四肢拼接起來；
> 讓祢的雙眼得以重現在祢頭上，一為晝，一為夜。」
>
> ——伊西斯 & 奈芙蒂斯之於歐里西斯

眾神的兩位母親

雙胞胎姊妹在古埃及神話以及葬禮習俗中扮演了重要角色。祂們一起使歐里西斯起死回生，也造就祂成為死者的法老。奈芙蒂斯是阿努比斯的母親，伊西斯則是生下了荷魯斯。祂們將每個死者看作歐西里斯那樣守護著。現在，你已經學會怎麼辨別雙胞胎姊妹了，不會再搞混了吧？

正在哭泣的伊西斯像

正在哭泣的
奈芙蒂斯像

鷹頭神荷魯斯

荷魯斯是誰？

荷魯斯是很早就出現在埃及文化裡的神祇。到舊王國時期的神話裡變成了伊西斯與歐西里斯的兒子。出生後，為了躲避叔叔賽特（Seth）的追殺，母親伊西斯逃到三角洲的沼澤裡將祂扶養長大。但祂是個難搞的小孩，常常鬧事。直到他成長茁壯到足以和叔叔抗衡時，才出發前去討回自己的古埃及王位。

鷹頭神荷魯斯

你注意到了嗎？

荷魯斯是維護王權的守護者。特徵是和太陽神拉及戰神蒙圖（Montou）一樣的鷹頭。但和兩者不同的是，他戴著紅白雙王冠，象徵上下埃及的統一。這個金色墜飾有可能是古埃及後期某位法老掛在身上的護身符。無論是什麼，都已經是留傳長達千年的符號呢。

荷魯斯之眼的由來

為了要拿回王位，荷魯斯多次大戰賽特，場面都十分殘忍。某一次廝殺中，賽特挖掉了荷魯斯其中一隻眼睛。幸好月神托特（幫荷魯斯治療了眼睛，才恢復了祂原本的樣子。從此以後，荷魯斯半人半鷹的眼睛成為古埃及文化中重要的符號。

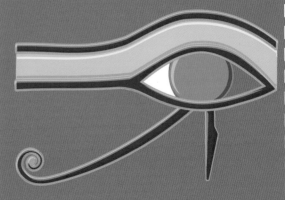

荷魯斯小檔案

荷魯斯是伊西斯和歐西里斯的小孩，也是賽特神的姪子。祂雖然是埃及王位的正統繼承人，但叔叔賽特可沒有放過祂！

* 荷魯斯被迫躲在三角洲的沼澤長大。

* 荷魯斯長大後去挑戰賽特，但祂的一隻眼睛因此受傷。（幸好月神幫祂把眼睛治好。）

* 打敗賽特後，荷魯斯取代祂成為埃及新任的國王。

這故事是不是聽起來很耳熟呢？

埃及王

當荷魯斯打敗了賽特後，成為上下埃及的國王，而賽特回到原本的沙漠地區當埃及邊境的守護者。傳說，荷魯斯當了很長一段時間的埃及王後，決定要加入眾神的行列，將王位交給人類。每位法老都被稱為「人間荷魯斯」，因為他們都是荷魯斯的繼承者喔！

小心，
獅神賽赫邁特出沒！

女神真的有那麼危險嗎？

　　賽赫邁特獅頭人身、頂著一個太陽盤的形象令人印象深刻！名字的意思為「強而有力的女神」。祂是太陽神拉的女兒，通常會帶給人類病害，這也是為什麼祭拜獅神的時候要獻上貢酒。不過祂也可以幫助治療疾病，古埃及的醫生也會求助於祂。

　　在阿蒙霍特普三世統治時期，有大約幾百座的獅頭女神雕像。而且考古學家也在這位法老位於底比斯帝王谷的陵墓裡，發現獅神的雕像，一座代表一天，總共365座。

你注意到了嗎？

　　許多埃及人會配戴獅頭女神的護身符來保平安。

　　左邊這枚護身符的女神站得直挺挺的，左腳稍微向前跨一步。頭上頂著被眼鏡蛇纏繞的太陽圓盤，身穿貼身的袍子，雖然性感，但同時也意味著靠太近可能會有人身安全的疑慮。

獅頭女神護身符

這是項鍊另一端的吊飾浮雕。賽赫邁特正在餵奶給法老塔哈卡。

酒醉的女神

在古埃及的《天空牛之書》（*Livre de la Vache du Ciel*）有提到女神的出場。太陽神拉看到人類對祂不理不睬，於是派賽赫邁特到人世間吞噬人類。然而，獅神吃人吃到喪心病狂的境界，就連太陽神父親都阻止不了祂。

於是父親就想到一個方法，把啤酒染成紅色，讓整瓶看起來像紅色的鮮血，好讓女兒上當喝下去。

賽赫邁特被味道吸引後一飲而盡，很快就醉了，隨即倒頭就睡。人類因此存活下來。

獅頭女神小檔案

賽赫邁特是獅頭女神，既危險又是人類的守護者。

- 祂是一體兩面的存在，既是引發人間傳染病的瘟神，也是能治癒病痛的女神。
- 如果惹祂生氣的話，可是會將人類大口吃掉呢！

賽赫邁特是個百變女神，擁有多重人格。

👁 你注意到了嗎？

其實女神也有溫柔的一面。浮雕上的她正在餵法老塔哈卡喝奶，法老的形象是頭戴雙冠、全身赤裸的小孩。藉由這個動作，女神正在授予來自埃及南部努比亞的法老生命與力量。這樣的圖像在舊王國時期就已經存在了。而這幅是埃及南部努比亞地區的畫作。

考古高手

當祂以溫馴的那面現身，會以哪種動物的形象出現呢？

答：溫馴的貓科動物！

防腐之神阿努比斯

胡狼頭神

　　阿努比斯是歐西里斯和奈芙蒂斯的孩子，有「俯臥」的意思，是儀式裡讓歐西里斯復活的重要角色。在母親伊西斯和阿姨奈芙蒂斯找到父親歐西里斯的屍塊時，阿努比斯想到了讓父親復活的方法：就是將歐西里斯四肢縫合起來並包裹在亞麻布中。沒錯！祂就是這樣製作出了第一具木乃伊。在防腐工的工作室裡都可以看到祂的蹤跡，祭司會戴著胡狼頭的面具，來代表阿努比斯向死者獻上祝福。而在陰間，祂會陪同死者在審判庭裡等待，更是天秤重量的測量者。

你注意到了嗎？

　　看到這座美麗的彩色小塑像了嗎？胡狼頭人身的阿努比斯戴著頭巾。雙手騰空，象徵著保護的動作，想必是為了守護在陵墓中的死者。祂的衣裳華麗，全身上下為彩色羽毛的圖樣，腰上還圍了一個纏腰布。這樣的裝束讓我們可以想像，當時的法老或神祇，服裝有多麼華麗。

阿努比斯小塑像

> 「阿努比斯看到自己雙手打造的傑作很高興，
> 神閣之主看到這位完美的神時也很高興；
> 是活人的主宰，也是逝去的人的君王。」
>
> ——棺材上的銘文

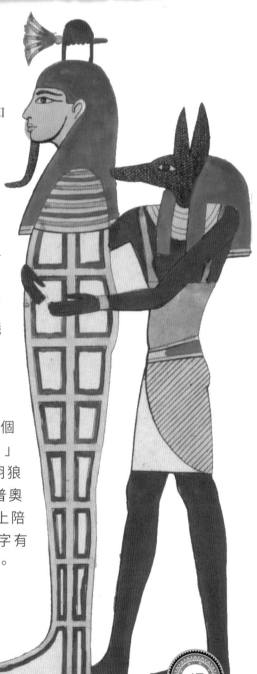

阿努比斯小檔案

阿努比斯是歐西里斯和奈芙蒂斯的孩子。

★ 被遺棄在沙漠裡，之後被伊西斯找回來。

★ 是防腐工人們的守護者，也是造出第一個木乃伊的神祇。

★ 祂會陪同死者出席審判庭，確保喪葬儀式順利進行。

古埃及冷知識

阿努比斯跟另一個名為「烏普奧特」（Oupouaout）的胡狼頭神長得很像，烏普奧特也在往陰間的路上陪伴在死者身邊，名字有「開路先鋒」的意思。

神話中胡狼的由來

奈芙蒂斯因為怕賽特發現自己生下阿努比斯，於是在寶寶剛出生沒多久就將祂遺棄在沙漠裡。伊西斯知道了以後，立刻到沙漠將寶寶找回。古希臘作家普魯塔克告訴我們，阿努比斯後來成為像「忠犬保護人類一樣」的守護者。

木乃伊的面具怎麼做的？

通常面具由簡單的紙板或是亞麻布做成。有些非常華麗，像圖坦卡門那樣的面具。它的作用是來保護死者的頭部，上面通常會畫上眼睛，以便死者能看見外面發生的事。棺材上的面具除了可以為死者的容貌留下紀念，也具有與陰間互動的功能。

最美麗的女神
哈索爾

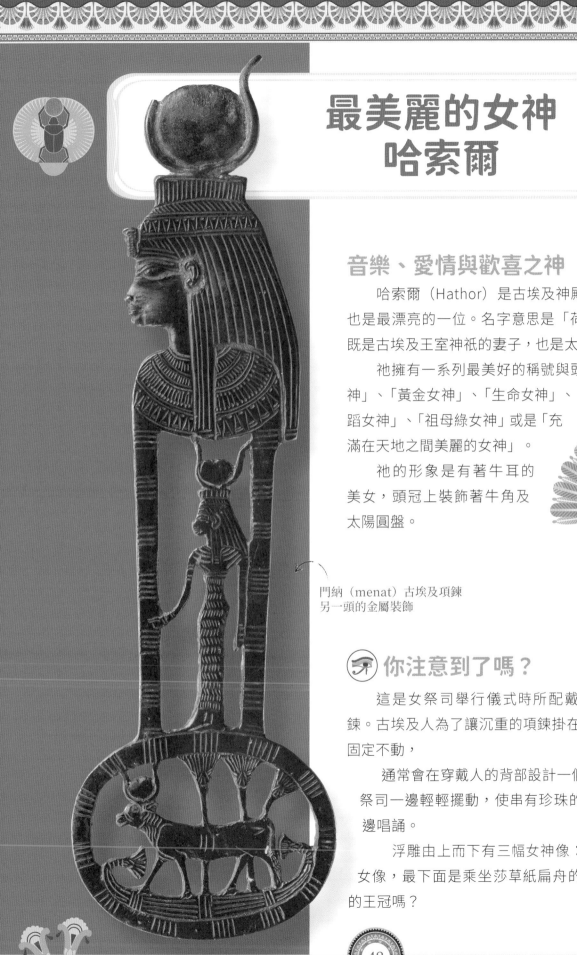

音樂、愛情與歡喜之神

哈索爾（Hathor）是古埃及神殿裡最重要的女神，也是最漂亮的一位。名字意思是「荷魯斯的城堡」，祂既是古埃及王室神祇的妻子，也是太陽神拉的女兒。

祂擁有一系列最美好的稱號與頭銜，像是「天空女神」、「黃金女神」、「生命女神」、「舞蹈女神」、「祖母綠女神」或是「充滿在天地之間美麗的女神」。

祂的形象是有著牛耳的美女，頭冠上裝飾著牛角及太陽圓盤。

門納（menat）古埃及項鍊
另一頭的金屬裝飾

👁 你注意到了嗎？

這是女祭司舉行儀式時所配戴的項鍊。古埃及人為了讓沉重的項鍊掛在胸前固定不動，

通常會在穿戴人的背部設計一個重量相等的裝飾。祭司一邊輕輕擺動，使串有珍珠的項鍊發出聲響，一邊唱誦。

浮雕由上而下有三幅女神像：半身像、中間是少女像，最下面是乘坐莎草紙扁舟的母牛。你能認出祂的王冠嗎？

👁 你注意到了嗎？

這是一面漂亮的鏡子，曾經是圖特摩斯三世（Thoutmousis III）的妻子所擁有。工匠上半部做出鏡子的形狀、配上女神的牛角特徵。把手的部分是莎草莖的形狀。不過仔細一看，有沒有發現其實整面鏡子就是牛角女神頭頂著大圓盤的樣子呢？

一面鏡子

生育女神

古埃及人會將哈索爾女神、宇宙銀河以及尼羅河氾濫連結，間接延伸到能夠孕育出生命的意義。祂能夠預言新生兒的命運，會一次變出七位女神，「七個哈索爾」。

善良的仙女們

哈索爾能夠化成好幾個分身。祂們是宣告新生兒命運的仙女，也會守護著在神廟裡屬於神祇的孩童們。這些仙女有可能是我們今天童話故事，如《睡美人》裡仙女的雛形。

哈索爾小檔案

哈索爾，太陽神的女兒，荷魯斯的妻子，是愛與音樂之神。

* 祂有牛耳的造型。
* 祂的形象是乘坐在莎草紙扁舟上的母牛
* 祂也會陪同死者前往「西方世界」。

古埃及與古希臘的神話連結

當時的古希臘人將哈索爾和女神阿佛洛狄忒相提並論。

古怪的貝斯神

你注意到了嗎？

　　仔細看一看右邊這個有錢人家的梳妝台雕像。

　　站著的貝斯神（Bès）手裡拿著一個眼線墨「科爾」（Khol）的蓋子。這個蓋子是可以整個打開，補充內容物再繼續使用的小工具，非常實用。古埃及人將眼影棒放進小洞沾一點眼線墨，在眼睛周圍畫出眼影線。

　　不過，最引人注意的是貝斯這個有著大耳朵、長鬍子以及扁鼻子、吐舌的樣子。是不是有點像獅子呢？

貝斯神造型的化妝罐

最矮的古埃及神

　　貝斯的身材矮小，雙腿彎曲、圓滾滾的，有著侏儒的特徵。祂的樣貌和其他神祇形成強烈對比。然而在古埃及的日常生活中處處可見貝斯的身影：化妝瓶罐、床頭櫃、床鋪上的裝飾都有祂的存在，甚至有貝斯造型的護身符。祂是懷孕婦女、襁褓嬰兒的守護神，也是音樂和歡喜之神；祂可以防止人類受到動物猛獸咬傷；祂身上會佩刀，可以砍斷干擾主人睡眠的惡夢。

　　貝斯是相當受歡迎的神祇，整個地中海地區都有祂的蹤跡，西班牙的小島伊比薩（Ibiza）就是以貝斯命名的喔。

> 「貝斯，完美的守護神，
> 　偉大的神，埃及的主人！」
>
> ——位於阿索爾神廟裡的雕像銘文

梳妝之神

　　有沒有發現貝斯神身上披著一張花豹的毛皮？

　　在古埃及現實生活中，祭司會披上一條花豹的毛皮，可以是真皮，也可能只是織品仿毛皮的布料。

　　其實貝斯的形象有「正在向梳妝打扮的人獻上供品」的意義，也同時在讚美他們的美貌。

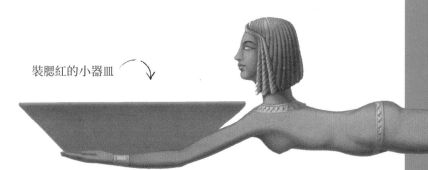

裝腮紅的小器皿 →

是神是鬼？

19 世紀的古埃及學家奧古斯特·馬力葉特（Auguste Mariette）在薩卡拉金字塔發現了貝斯的雕像。消息很快在當地傳開「人們以為貝斯是魔鬼，開始聚集在雕像附近，排起了一條隊伍。婦女們輪流向貝斯叫罵、瘋狂拍打雕像，而男人則是像祂吐口水。」

貝斯真可憐！

貝斯小檔案

貝斯雖是矮小的神祇卻非常厲害。

- 祂有著侏儒的外型，卻是非常受古埃及人歡迎的神。
- 祂看起來笑容滿面、精神抖擻，是一位擁有非常強大力量的神。
- 就連在地中海都可以看到祂的蹤跡。

難怪我們常說人不可貌相，不能小看貝斯神。

尼羅河上游船去

米納克特（Minakht）87 號墓地裡的壁畫細節

你注意到了嗎？

看看圖裡的這艘漂亮的小船，船頭船尾的形狀是莎草的莖部。

船能夠前進，靠的就是右邊兩支船槳。找找看，圖中哪裡有荷魯斯之眼？

小船只要有了這隻眼睛，就能避免擱淺在沙岸上。「荷魯斯之眼」（oudjat）還有個特別的意思，古埃及人用來表示東西是「新的」，也就是品質保證的意思喔！

大大小小的船隻

古埃及是擅於航行的文明。無論是在尼羅河、紅海或是地中海上，從史前時代就已經知道如何在水上航行了。在許多陶器和最古老的陵墓繪畫中，都可以見到船的圖像，總共有十幾種不同的船隻。例如：用船槳划行的船或是風帆船。有各式各樣的造型，長尾或是月牙形的船；也有木造或是莎草製成的。

至於王室的船隻，通常是用黎巴嫩運來的雪松木所製成。這種木材可以做成非常寬的木板，聞起來也很香！

👁 你注意到了嗎？

　　莎草做的小船扁舟是漁民最常使用的船隻。而木造的大船能乘載較多的貨物、人或是動物。這裡的模型是貴族梅克特雷（Meketrê）的船。他正坐在船上的棚子裡，欣賞著合唱團帶給他的歌聲。水手們齊力划船，而船頭的瞭望員用加重的繩索確認尼羅河的深度，以防船隻擱淺停滯。坐這樣的船出遊可不能卡在河中間呢！

↑ 貴族梅克特雷墓裡的小船模型

鱷魚出沒注意！

　　尼羅河裡到處都是鱷魚和河馬。雖然牠們外表看起來平靜，卻是很兇猛的動物。古埃及人獵捕牠們的方法就是拿一根綁在長棍上的魚叉、牢牢地插在鱷魚的長顎上，再用繩索將嘴緊緊套住以利接近鱷魚，最後再使用銳利的武器將牠制伏。

登船擺渡遊陰間

人死後，究竟是要如何在陰間移動的呢？這個簡單，自帶交通工具就可以！

金字塔前面會有一個大地坑來停靠拆卸下來的船，繩索工具、零件一應俱全，就能在陰間自由移動。

不過，帝王谷山多地少，葬在那裡的死者，沒有足夠的空間可以放真正的船。於是古埃及人想出了放小模型意思一下的作法，不用在乎物件的真正大小，只要小模型能夠代替實體大船的意象，都是可行的方式喔！

古埃及人航海專家小檔案

古埃及人是航行方面的專家，遊河、航海都難不倒他們。因此船隻是他們主要的交通工具

⚜ 若要往北方去，只需要順流而下，若要往南方去，那就要帆船才能逆流而上。

⚜ 擁有船隻也是財富的象徵，古埃及人會稱貧窮人家「沒有船的人」。

到今天的埃及人生活上仍以尼羅河為主要重心，是千年不變的習慣呢。

考古高手

數數看，一艘船上有多少位划船的水手？

答：12位。

女性法老

偉大的女性統治者

古埃及歷史中，不是只有男法老而已。其實也有幾位女法老，而她們的名字耳熟能詳。

在中王國晚期，出現了第一位女法老，叫作索別克娜芙魯（Néférousobek，意思是「索別克的美人」，鱷魚之神）。可惜目前提到她的文獻很少。而最有名的女法老，是新王國時期的哈特謝普蘇特（Hatchepsout）和托勒密王朝的克麗奧佩脫拉七世。

👁 你注意到了嗎？

哈特謝普蘇特（意思是「第一貴族女性」），是圖摩西斯一世的女兒，嫁給了圖摩西斯二世。在丈夫去世後，成為小圖摩西斯三世的攝政王。她陪在小圖摩西斯身邊，握有實際的王權，並在埃爾戴爾巴哈里（Deir el-Bahari）打造自己的陵墓。

哈特謝普蘇特的樣貌加上女性的身體特徵，並沿用了先前法老的圖樣，來完成她的雕像。

仔細看她和藹的臉龐以及精緻的五官，我們能以她精巧的臉蛋認出她。

打造這座雕像的工匠甚至幫她修飾手臂跟雙腿，讓它們看起來更纖細、更高䠷！

哈特謝普蘇特坐像

古埃及末代女王

某女性或女神的浮雕 ↗

你一定聽過克麗奧佩脫拉七世，古埃及的最後一任法老。她是非常有名的女政治家，天生聰穎，願意為自己的國家犧牲奉獻。而她所處的時代，是古希臘與埃及文化已經融合的時代。她先是凱撒的情婦，之後也跟馬克·安東尼在一起過。

但她在西元前 30 年，敗給了人稱「奧古斯都」（Auguste）的屋大維。在戰敗之後，她的許多雕像都跟著一起消失了。我們知道她非常美麗、迷人，人們稱她為「埃及豔后」。

迷一般的情侶檔

羅馬君王凱撒對克麗奧佩脫拉一見鍾情，凱撒卻也是奪走古埃及托勒密十三世權力的敵人。因此克麗奧佩脫拉只好再嫁給托勒密十四世。雖說克麗奧佩脫拉和凱撒是天生的死對頭，但克麗奧佩脫拉和凱撒擁有一個兒子。最後凱撒在西元前 44 年 3 月被暗殺。

勇敢的克麗奧佩脫拉

克麗奧佩脫拉是位個性堅強、勇敢且無所畏懼的女性。

雖然哥哥托勒密十三世禁止她接近凱撒，但克麗奧佩脫拉為了要抵達凱撒位於亞歷山大城的皇宮，想到一個能躲過監視的辦法。她將自己藏在一捲地毯裡面，並由凱撒的僕人抬送到凱撒的寢宮中。想像一下凱撒看到自己的情人從地毯中滾到自己腳邊的畫面。是不是非常浪漫呀？凱撒馬上就愛上了這位靈活勇敢的女王，並協助她奪回王位。

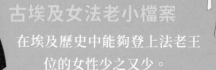

古埃及女法老小檔案

在埃及歷史中能夠登上法老王位的女性少之又少。

★ 我們已知的第一位女法老是在中王國時期的索別克娜芙魯，雖說她在位的時間非常短暫……

★ 哈特謝普蘇特直到去世時都是圖摩西斯三世的攝政王，握有實質的大權。然而，後代的法老認為她並不是正統的統治者，因而將她從王室名冊上刪除。

★ 克麗奧佩脫拉是埃及的最後一任法老，挺身對抗羅馬帝國的入侵。

革命法老阿肯納頓

石碑上崇拜阿頓圖

你注意到了嗎？

阿肯納頓和奈芙蒂蒂，婚後共有六個女兒。依據顯示，他們很有可能是圖坦卡門的父母親。

在這塊浮雕上描繪了法老與王后正在向太陽獻上一束束的莎草，後面跟了兩個小公主全程參加儀式。年紀比較大的公主手上搖著專門打拍子的鈴鐺樂器。

仔細看太陽神阿頓的樣子：以蛇形現身，並用多隻小手伸向法老和王后的鼻孔，象徵為王族夫妻帶來生命。

這裡描繪法老一家的繪畫風格和以往有所不同。

阿肯納頓的身形同時擁有男性和女性的特徵，象徵世界陰陽合一，是前所未見的樣貌！

阿肯納頓

所有人的太陽神阿頓

新太陽神阿頓的形象是以光束延伸成的小手和太陽圓盤呈現。阿頓是阿肯納頓信奉的太陽神，在阿肯納頓在位時期，成為所有古埃及人唯一的神。那時候的神廟只供奉阿頓神，其餘古老的神祇都被撤下來。

阿肯納頓的宗教改革

　　約在西元前 1350 年，古埃及發生了一場宗教革命。法老阿蒙霍特普四世在神殿中供奉一位新創造的神 —— 阿頓，是帶來一切生命的太陽神。阿蒙霍特普四世廢除卡納克神廟，將首都遷至古埃及中部地區的阿瑪納。他甚至將自己的名字改成阿肯納頓，意思是「阿肯的僕人」。在位期間是充滿動盪的時代。這可真是埃及前所未見的舉動！

> 「在天邊看見祢華美的形象。
> 祢，活著的阿頓，生命的開始。
> 當祢自東方的邊刃起身以炫光照耀了大地。
> 燦爛、偉大、輝煌，在萬山的頭頂。
> 祢的烈火環繞了這個星球，被覆了
> 祢所創造的一切。」
> —— 《阿頓頌詩》

紅透半邊天的妻子

　　阿肯納頓的妻子奈芙蒂蒂名字有「美人降臨」的意思。

　　她的美貌之所以流傳千古，是因為現今仍保有一座她五官清晰的半身像。果真，人如其名，實在天生麗質！

阿肯納頓的身形

古埃及學家們第一次看到阿肯納頓的形象時，都感到非常納悶。法老怎麼會看起來病懨懨的，是不是生病了？

19 世紀許多醫生便開始照著阿肯納頓的身形做診斷：胸部、腹部、腰部怎麼那麼寬……

原來，阿肯納頓的身上同時有男性特徵也有女性特徵，代表了世界的「父親」和「母親」的形象，所以才會那麼不尋常……

阿肯納頓的宗教改革小檔案

在西元前 1350 年整個上下埃及掀起了一陣宗教改革。太陽神阿頓變成唯一能供奉在神殿的神祇，也是最主要的信仰。

　　太陽神阿頓是以太陽圓盤和放射狀的數隻手作為祂的主要形象

　　阿肯納頓和他的家人表現出他們自己是人間的神祇。

　　阿肯納頓的接班人，圖坦卡門恢復了舊有的信仰儀式，並改掉自己的名字後，搬回底比斯城。

關於這個時代，聽起來我們好像掌握了不少資訊，但實際上還有好多事物等著我們去挖掘呢！

最熟悉的陌生人
——圖坦卡門

阿肯納頓家族的最後繼承者

　　從面向來看，圖坦卡門是奈芙蒂蒂和阿肯納頓所生的小孩。一開始他的名字叫作「圖坦卡頓」（Toutânkhaton）（意思是阿頓活生生的形象），他和姐妹們在阿瑪納王宮（Amarna）長大。不過在他爸爸阿肯納頓死後，他將自己的名字改成「圖坦卡門」，並恢復以往眾多神祇信仰儀式。他在位時，指揮了許多修復工程、在盧克索神廟建造迴廊，以及無數的雕像製作。可惜他去世的時候還不到 20 歲，英年早逝的他也就讓後世隨著時間漸漸將他遺忘。直到西元 1922 年圖坦卡門陵墓的出土，才讓他再次重拾往日風光。

你注意到了嗎？

　　仔細看看這座頭像，年輕的圖坦卡門竟然是從蓮花中冒出來的！考古學家霍華德·卡特生前非常喜愛這尊頭像，他象徵了太陽從蓮花中誕生，上面的花瓣就像是光芒般的四射。日復一日，年輕法老天天從蓮花裡重生的意象。你有觀察到工匠在頭像上所下的工夫嗎？

　　從雙眼皮、脖子的皺摺到嘴角的弧度，還有這個蛋頭般的頭型，都別具心思。特別的是，從阿肯納頓時期後，才開始有穿耳洞的肖像出現，之前是沒有的喔！

圖坦卡門頭像

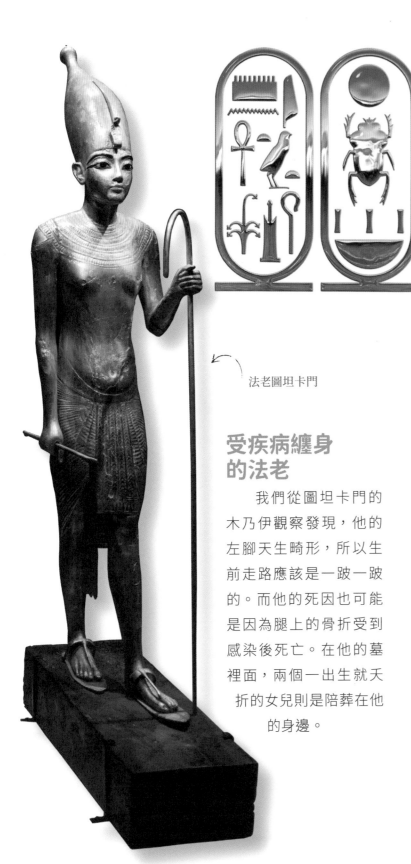

法老圖坦卡門

受疾病纏身的法老

我們從圖坦卡門的木乃伊觀察發現，他的左腳天生畸形，所以生前走路應該是一跛一跛的。而他的死因也可能是因為腿上的骨折受到感染後死亡。在他的墓裡面，兩個一出生就夭折的女兒則是陪葬在他的身邊。

盜墓事件

就在找到圖坦卡門的陵墓以後，沒多久就發生了盜墓事件。

盜墓的人非常清楚要偷什麼東西，很可能是考古的關鍵人物或是協助的工人們做的好事！當地警方甚至介入調查，攔下了一架飛機。霍華德發現一塊亞麻布，布裡包著的竟然是金戒指！這些通通都在犯人的包包裡找到的！

圖坦卡門小檔案

在阿瑪納時代結束後，圖坦卡門就將首都遷回底比斯，並恢復以往的祭拜儀式。

* 圖坦卡門是一位偉大的法老，也是一位建造者。

* 不過因為他的早逝，顯得陵墓蓋得特別匆忙，甚至裡頭有許多東西都不是屬於他的。

* 由於他是阿肯納頓的兒子，他的名字和形象在死後多次被刻意刪除或破壞，從歷史中被抹除。

我們應該好好感謝霍華德·卡特，他在 1922 年於底比斯所展開的考古挖掘行動，要是他沒有這麼做，圖坦卡門可能就這樣被世人所遺忘了！

拉美西斯二世與他的家族

拉美西斯二世的王子們列隊遊行圖，位於路克索神廟前殿。

拉美西斯二世是個以自己的子女為傲的父親。

在許多壁畫上常看到描繪子女們的圖像。像是在路克索的阿比多斯神廟（Abydos）或是自己的陵墓裡，都有大量子女們的肖像。拉美西斯二世總共有五十個兒子與六十個女兒，真的是很驚人的數量！家族聚會時肯定非常熱鬧吧！拉美西斯二世一生中經歷過多次生離死別。在世時，有好幾位兒子戰死沙場，不然就是因病去世，最後繼承他的王位，是他第十三個小孩，麥倫普塔（Mérenptah）。他的兒子們都葬在他的陵墓對面的墓地 KV5。

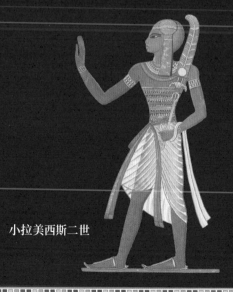

小拉美西斯二世

傳奇法老

拉美西斯二世即位之前，曾在祖父與父親身旁一同聽政。在他 25 歲登基時，已經是個做好萬全準備，馬上能夠接手治理古埃及的法老。他挺身對抗來自今日土耳其地區的西臺人（Hittites）。

拉美西斯也是一個對修築建造非常有熱情的法老。由於他的在位時間長，所以也留下了許多修建工程的政績。

一生中有多位老婆陪伴在身旁，其中和娜菲塔莉（Néfertari）（意思是最美麗的女人）生了很多個小孩包含伊西斯・諾弗萊特（Isis-Nofret）。在他在位第三十四年時，和西臺公主通婚，締結了和平協議。西臺公主原名不得而知，但因遠赴埃及成婚，得到埃及名字瑪特妮斐魯麗（Maâthornéférourê）。

路克索神廟的
拉美西斯二世像

拉美西斯最有名的神廟由圖中的四尊法老雕像坐鎮。1968 年因水利大壩工程，四尊雕像被移動到離原本位置 65 公尺高的地方。

金字塔修建
——法老王子的功勞

拉美西斯二世的第四個兒子卡伊姆瓦賽特（Khâemouaset）是普塔神的大祭司，住在孟斐斯。

他負責聖獸公牛阿匹斯的祭拜儀式。但卡伊姆瓦賽特也是出了名的「考古學王子」，看到古王國時期在薩卡拉所建造的金字塔年久失修，便燃起了他修建金字塔的熱忱。直到今天還能在許多修建工程處，看到他的名字，這位考古學王子對金字塔的努力付出，我們應該心存感激。

拉美西斯二世小檔案

拉美西斯二世是古埃及最偉大的君主之一。他在位的時間很長，我們也對他大部分的家族有所瞭解。

★ 他的兩個最主要的妻子為娜菲塔莉和伊西斯・諾弗萊特

★ 他有幾十個小孩。

★ 王子們大部分在軍隊裡或是神廟裡服務，最後由麥倫普塔繼承拉美西斯二世的王位。

你也像法老一樣生長在一個大家庭裡嗎？那一肯定很熱鬧！

進攻！

拉美西斯二世
在戰車上的英姿

你注意到了嗎？

　　拉美西斯二世站在戰車上，手持弓箭百發百中，殲滅無數敵人，法老英勇善戰的姿態……像這樣誇大的王室功績，經常出現在許多文獻裡。

　　古代戰士穿的戰袍五顏六色，跟今天的迷彩軍服差很多吧！拉美西斯駕著戰車高速奔馳，在卡疊石戰役（Qadesh）成功地打敗了西臺人，他們來自今天的敘利亞一帶。不過，古埃及人在這場戰役的勝利，並沒有那麼像盧克索、阿布辛貝和阿比多斯神廟所描述的那麼完美……

法老將軍

在古代，埃及地區一直是最強盛的王國，領土、資源的爭奪從沒少過，衝突也沒停過。

將戰勝敵人的輝煌事蹟刻寫在神廟外牆上，是古埃及人慶祝勝利的方式。

新王國時期的法老們以他們的戰績而聞名：**圖摩西斯三世**征服黎凡特、**拉美西斯二世**對抗西臺人或是**拉美西斯三世**抵擋海中民族入侵……等等輝煌戰果。

> 「他手持弓箭，無人能敵。
> 他比成千上萬的人聚集在一起更有力量，
> 他勇往直前。
> 在衝擊的時刻，
> 他的心就像一頭衝鋒的公牛一樣堅定。」
>
> ——拉美西斯於卡疊石戰役，龐達吾爾之詩

英雄豪傑——古埃及軍隊

古埃及軍隊是由**專業軍人**各司其職所組成。包括**步兵**、**弓箭手**、**騎兵**和**戰車**甚至還有**水手**，從新國王時期開始就有這樣的編制，和現代軍隊一樣！各營由法老和他的將軍們領導，通常是他的長子，王子藉此學會兵法。某些士兵會因而一戰成名，這些都成為他們能講述自己一生功成名就的戰績歷史。

箭、箭筒、盾牌模型

偷渡士兵入城

圖特摩斯三世法老有位將軍名為傑胡提（Djéhouty）。某天他打了一路的勝仗，來到了巴勒斯坦的約帕城（Joppé）前，但這個城市的人拒絕投降。於是將軍想到一個好辦法：他把士兵們一個個藏在罐子裡，將他們送進城內。這個故事和〈阿里巴巴和四十大盜〉的故事幾乎一模一樣！

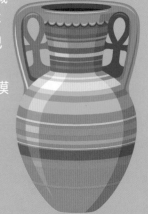

古埃及法老軍隊小檔案

每個法老都需要拿起武器保家衛國。某些知名的戰役會被刻畫在神廟的外牆上。

- 法老會站在戰車上親赴戰場。
- 古埃及士兵裝備精良，騎兵更有所向無敵的名聲。
- 圖摩西斯三世的功績在於擴張了古埃及的領域，而拉美西斯二世與拉美西斯三世則試著抵禦入侵埃及的敵人。

有時候，透過通婚的方式和平解決紛爭，何嘗不是個方案呢？

動物大全

→ 貓咪狗兒的小陶俑

👁 你注意到了嗎？

古埃及人跟我們一樣，喜歡小貓小狗。在古埃及文裡，狗寫作「🐕🐕🐕」，唸「iu」。在古埃及時代有許多不同種類動物，寵物通常會有自己的名字，會和牠的人類家人們住在一起。過世以後，甚至會被做成木乃伊，以備主人過世時，讓牠一起下葬。考古學家們經常會找到上釉彩的貓狗小陶俑，代表牠們在陰間伴隨在主人左右。

古埃及人最好的朋友

古埃及領土上有各式各樣的動物。古埃及人會近身觀察這些小動物的外觀和行為，並把牠們書寫成象形文字或記錄在神話傳說裡

當然，古埃及 3000 年的歷史非常淵遠流長，動物們的棲息地與習性也隨時間變化。

一開始鴕鳥和長頸鹿是住在埃及的北部，之後慢慢往南遷徙。至於馬匹呢，是大約在西元前 1600 年出現的，單峰駱駝則是直到西元前 1000 年才出現在記載裡。

古埃及人和我們現在能接觸到的動物種類差別很大呢！

太陽神拉的大貓

🧿 你注意到了嗎？

　　古埃及有許多描繪動物的器皿和藝術品：哺乳類動物、昆蟲、鳥類、爬蟲類……等等，大大小小、各種生物都有。

　　動物們的棲息地不外乎是沙漠、尼羅河沿岸，還有在水裡。

　　這裡有三隻小跳鼠。做出這幾個小陶俑的工匠將牠們的姿態捏製得活靈活現，長長的尾巴貼在背部，以及放在嘴邊的小手。古埃及人常看見牠們在沙漠裡出沒。在中王國時期，沙漠小跳鼠是非常受歡迎的陶俑主題喔！

三隻沙漠小跳鼠

跟著瞪羚走！

傳說中，中王國時期蒙圖霍特普四世（Montouhotep IV）下令一支探險隊去尋找可以建造王室陵墓的石材。探險隊在途中，遇到了一隻懷孕的瞪羚，引導著他們走向某處，突然之間，瞪羚停下腳步，把肚子裡的寶寶給生了出來……這種神一般的指示，讓他們找到了法老要用來建棺材的石頭。

古埃及人與動物小檔案

古埃及的動物世界非常豐富，在古墓裡有大批以動物為題的文物，很多器具、藝品上面都有小動物的蹤跡。

* 古埃及人擅長觀察，他們會以觀察到的動物作為文字基礎，在藝術與神話裡，常以動物為主題。他們喜歡過著受動物圍繞的生活，有貓、狗、瞪羚還有小猴子喔！

* 當然，他們也會將動物當作食物來源或是把牠們做成木乃伊，當作陪葬品。

👁 你注意到了嗎？

這是可愛的小瞪羚，牠平常的棲息處，是在農耕地的周圍。在古埃及，牠不光是被當成食材獵捕，從新王國時期也是家喻戶曉的寵物。

牠象徵女性氣質，通常會出現在年輕女孩或是王位的下方，或是公主的王冠頭飾上。雖然這隻小瞪羚頭上的角破損不見了，但是我們可以想像，牠當時也許是一位地位崇高的人很珍惜的寶貝呢。

瞪羚小雕像

陶器碎片上的草圖

古埃及人獵捕一種意想不到的動物當作食物。猜猜看，是哪種動物呢？

答：斑鬣狗，牠有強烈的攻擊性。

危險動物出沒，注意！

古埃及當然也有許多非常危險的動物，像是獅子、鱷魚或是河馬，這些猛獸時常給人類造成威脅。

但是在古埃及文化裡，這些動物分別代表著不同意義，獅子和野生公牛一樣，代表的是埃及王室。不過在這張草稿中，獅子代表著埃及的敵人和險境。頂著紅色王冠的法老以弓箭射傷獅子，接著再用長矛刺向牠。王室的護衛犬在畫面中也挺身攻擊比牠更兇猛的獅子喔！

愛貓成癡

依普伊（Ipouy）和他的妻子正在接受他們子女所獻上的供品。

你注意到了嗎？

　　圖上的人物是新王國時期的一家人，全家穿著上等的亞麻衣，父母在左邊，在右邊的兒女**正在對父母獻上陶罐和花束**。等一下，圖裡還有一個角色……你找到了嗎？是那隻躲在媽媽椅子底下的貓！有趣的是，畫家選擇把貓的頭朝向前面，盯著觀眾，彷彿在監視著我們。

喵～

　　既然你已經學了古埃及文的狗怎麼說了，貓的古埃及文，應該也難不倒你吧？貓的古埃及文寫成 🐱，唸作「miou」，沒錯，就是**貓喵喵叫的聲音**！很簡單吧？古埃及人非常喜歡貓咪，神話信仰裡甚至還有貓女神「芭斯泰特」。貓咪是人類家裡的好幫手，會幫忙抓老鼠。老鼠不僅會在家裡隨地大小便，弄髒環境，還會偷吃人類的食物。貓也存在於古埃及傳說裡，就像是太陽神拉的大貓。牠在對抗中擊敗了一隻名叫阿波菲斯的蛇，讓拉取得了太陽。

這尊以方解石雕出來的貓咪是目前發現最古老的**貓咪雕像**。無論材料或是顏色上的應用，都讓貓的毛看起來栩栩如生；貓的姿態也非常真實。貓的整個身體微微拱起來，四肢也呈現出緊繃感，看起來好像隨時都可以朝獵物撲過去一樣。

還有祂石英做成的雙眼，看起來閃閃動人。也許，這個藝術品的主人是雕刻還原自己養的寵物貓也說不定呢！

↳ 貓形的化妝罐

在古埃及裡，**貓咪木乃伊**並不罕見。有時候，很多人類的墓地被改成動物木乃伊的存放處。有些木乃伊做得很簡陋，有些則做得特別精緻。像是圖裡的貓咪木乃伊，全身都綁著繃帶，還套了一個用紙糊的貓咪面具。這樣一來，這隻貓咪就可以安心地走了。

↳ 貓咪木乃伊

古埃及貓咪迷因

在法老的工匠村麥地那，許多莎草紙和陶器碎片都畫有某種與貓咪相關的圖像：裡面竟然是貓咪在服侍老鼠的畫面。這代表貓跟老鼠角色調換的圖像，應該有戳到古埃及人的笑點。

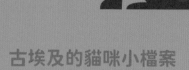

古埃及的貓咪小檔案

貓咪是最受古埃及人喜愛的動物。

- 和狗一樣是人類的好夥伴。
- 每隻家貓都會有自己的名字、項圈，死後還會和主人葬在一起。
- 古埃及人總共做了好幾萬個動物木乃伊，其中貓咪木乃伊占絕大多數。

你們家有養貓嗎？跟 3000 年前的古埃及人一樣耶！

護身符與權杖的祕密

權力象徵、護身符

　　古埃及人身上會配戴護身符來趨吉避凶，讓人遠離災害和疾病。各式各樣的護身符都有，有寶石做的、金屬做的或彩陶做的，可掛於胸前或手腕上。在亡者被做成木乃伊時，這些小護身符則會被塞在一些意想不到的地方。有些木乃伊棺材裡從頭到腳會有好幾十個護身符。而權杖，通常是地位崇高的大人物或是握有大權的人所配戴的。

　　以下有幾種不同的護身符：

節德柱

　　節德柱（djed）象徵歐西里斯神的脊椎，因此是柱子的造型。柱子也意味著「安定」、「堅毅不拔」，常常在神廟或陵墓裡看到。這個護身符，你已經認識他了吧！

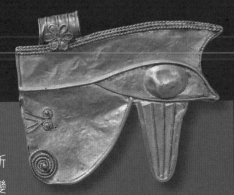

荷魯斯之眼

　　這是荷魯斯之眼，有「不會變質」、「完整」也有「全新」的意思。是在陰間以防萬一的「備用眼」喔！

安卡

　　生命之符「安卡」（ânkh）常常被認為是十字架，但其實是打成一個圈的繩結，是組成古埃及文字裡「生命」意義的符號。因為能夠「保平安」，所以常常出現在許多的藝品與畫作之中。

瓦吉柱

瓦吉柱（ouadj）是個有著莎草莖形狀的護身符，有「綠意盎然」、「清新」的意義，與生生不息相關。

提耶特

提耶特（tit）形狀像是打圈的繩結，也叫作「伊西斯繩結」，通常會和「節德柱」一起出現。

聖甲蟲

聖甲蟲象徵升起的太陽，以及「變化」、「轉變」。因為這些正面的意義而被廣泛使用，也能在珠寶設計上時常看見。

內卡卡

連枷「內卡卡」（nekhakha）是農耕時脫穀的工具，象徵「威權」和「力量」。通常法老手持連枷、和權杖赫卡，代表「治理埃及」的意思。歐西里斯的權杖也是代表這兩種意思。

屋瓦

連枷「屋瓦」（ouas）是由諸神持有的權杖，就像安卡符號一樣，代表「力量」或「權威」。造型像是風格的狗頭，長長的嘴巴和耳朵，在末端有一種像叉子的東西。

考古高手

你已經認識了不一樣的護身符，現在換你找找看，哪個形狀的護身符有什麼用途啦！

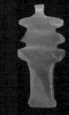

最厲害的工匠都在麥地那

工匠工作圖，內巴蒙（Nebamon）與
伊普奇（Ipouky）陵墓壁畫。

你注意到了嗎？

全埃及最優秀的藝術家們經過選拔後，會進入麥地那村落工作。在裡面的藝術家每個都識字也會寫字，對於喪葬祭文、咒語都倒背如流，無論是打造法老王陵墓或是平民自己的墳墓，各項工藝都瞭若指掌。圖裡的禮堂壁畫展現了雕塑、木工、珠寶師正在工作的景象，讓我們可以想像在麥地那的生活情境。

找找看：圖裡有個大肚子的禿頭工匠。你找到了嗎？

大藝術家齊聚一堂

尼羅左岸的底比斯（今路克索）是一片綠油油的田地，但田裡有一塊非比尋常的遺跡。

這就是負責打造法老與王后陵墓的藝術家們所居住過的村莊，在新國王時期時，這裏被稱為「真理廣場」。

有好幾十位的藝術家：畫家、雕刻家、木匠、建築工人……等齊聚一堂，生活在同一個村莊裡。有時候，因意見相左會起衝突也是很難避免的事。

考古學家們在考古過程中，很幸運地找到了一個放置莎草紙、陶片、廢棄物的大倉庫，進而瞭解到，這裡曾經有好幾個不同家族的生活痕跡。這就是為什麼我們能夠知道有好幾代工匠在這裡生活的故事。

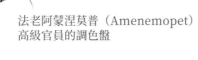

法老阿蒙涅莫普（Amenemopet）高級官員的調色盤

你注意到了嗎？

這是古埃及調色盤，造型是長木盒裡有多格不同顏色的色塊，有紅色、埃及藍、綠色，兩格黑色。黑色是古埃及用量最大的顏料，常用來畫輪廓也用來書寫。

古埃及文裡的「藝術家」寫成 𓏞𓏛𓏜𓏝𓏞，唸作 sech qedout 意思為「抄寫圖像的人」。沒有錯，書寫象形文字本身就是門藝術！

工匠村插曲

拉美西斯三世在位的第二十九年時，麥地那村發生了一件事……

因為法老積欠薪水，工匠們決定罷工，去神廟前抗議、討回公道。因此，建造法老陵墓的工程暫時停工，直到勞資雙方談妥為止。

這也許是人類史上第一次罷工事件喔！

麥地那工藝精英小檔案

麥地那裡的工匠們全都是古埃及最優秀的工藝精英。

* 他們負責在底比斯建造法老與王后的陵墓。

* 他們在麥地那村生活，會談戀愛、結婚生子，也會有吵架、大打出手的時候，還會打官司呢！

* 每個工匠擁有不同的藝術風格，古埃及學家甚至可以辨別出差異呢！

到目前為止，麥地那的考古工程尚未結束，還有許多關於古埃及的祕密與驚喜等著我們去發掘！

來自努比亞的法老們

埃及南方 —— 努比亞王國

　　在西元前 1000 年前，在努比亞地區（現在的蘇丹）的國王們，全都開始討伐埃及。這是因為埃及和努比亞地區的關係受到地緣影響很深遠，古埃及人稱努比亞為「庫施王國」（Kouch）。由於兩個王國共享著同一個文化、發展程度相當，古埃及人能夠接受庫施法老的治理。而他們所創建的**第二十五王朝**，在西元前 750-664 年間，開啟了埃及的黃金時期。

塔哈爾卡為鷹神黑門
獻上兩罈酒。

👁 你注意到了嗎？

　　塔哈爾卡（Taharqa）是王國晚期（努比亞時期）的偉大法老。巴黎羅浮宮收藏的這件小雕塑中的塔哈爾卡跪在地上，手上拿著兩只圓圓的酒罈，我們稱它們「努」（nou）。這樣謙卑的跪姿有好幾千年的傳統了。在他額頭上戴著象徵埃及和努比亞的兩隻眼鏡蛇（uraeus）。另一方面，鷹神黑門（Hemen）應該是古埃及神祇裡最神祕的一個了，我們目前掌握到鷹神的資訊少之又少。

努比亞金字塔

西元前 664 年，亞述國王**亞述巴尼帕**（Assurbanipal）攻下了埃及，將塔哈爾卡法老趕走。因此塔哈爾卡逃回到故鄉努比亞，開啟了好幾代的努比亞盛世。

兩國文化關係緊密的最好證明，就是現在蘇丹地區裡努比亞金字塔的遺跡。

它們和古埃及的金字塔相比，又小又尖，通常前方會有個有門的禮堂。而金字塔頂端，會有紅石榴雕像，象徵著「永恆」。

位於現在蘇丹的博爾戈爾山
金字塔（Gébel Barkal）

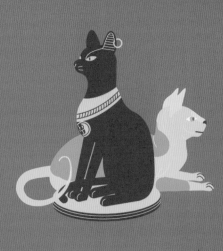

古埃及文物藝術放大鏡

那克特之墓

那克特西禮拜堂北面的壁畫

你注意到了嗎？

　　這幅壁畫只是某個法老大臣**那克特**（Nakht）的墓的一部分。牆面的畫作栩栩如生，上面畫的是他和他太太與小孩的日常生活。一家人的身分比他人高貴，因此體型尺寸也比其他人還大。從圖看上去，很容易就認出他們。圖的左邊坐著的這對，就是那克特夫妻。在他們面前有一張堆滿各式各樣食物的桌子。而夫妻倆正在欣賞右邊一連串的活動：圖的右上方是在沼澤裡狩獵和釣魚；下方中間是葡萄採收、釀酒的畫面，最下排右邊則是料理鴨子的場景。

衣食無虞的古埃及

這就是尼羅河岸的生活寫照。要讀懂這面壁畫的順序，我們可以將壁畫分成上下兩層。我們之所以知道圖的中間是分隔線，是因為埃及的土壤是黑色的。黑色的土來自尼羅河床氾濫時所形成的肥沃軟泥。

黑土

其中那克特站在小船上航行在一對莎草之中。左右對稱的河水場景，有可能是位於尼羅河三角洲，或是山谷中，也有可能是在法尤姆綠洲裡。由於沒有確切地點說明，或許是在埃及隨便一個水域也說不定。這幅壁畫也沒有任何說明時間的元素，有可能是春天，也可能是夏天。總之，這幅壁畫沒有呈現出「時間性」，充分表現出**無時無刻**都豐饒的古埃及。壁畫裡那克特彷彿置身如古埃及一般物產豐富的天堂。

跟義大利文藝復興的畫作相比，不一樣的地方在於，這些場景是連貫的。而義大地文藝復興的畫作則是：只在某時某地或某個瞬間，某個人做了一個動作。

充實的精采生活

前往來世的古埃及死者，應該很難感到無聊。根據壁畫裡的喪葬文描述，那克特有一棟房子，家人都圍繞在他的身邊，一起過著很充實的生活。除了品嚐妻子為他準備的晚餐外，他還會拿著長棍外出，到沼澤裡打獵、捕捉鳥類，或是用漁槍捕魚。

在這裡，畫家為了要讓那克特維持直挺挺的姿勢，刻意劃出那克特捕魚時，魚從水裡跳起來的畫面。在下層的葡萄採收、料理鴨子的畫面當中，那克特則是看著自己的傭人工作。這些精采的圖像只是描述那克特生活裡的一部分而已。我們還有在其他壁畫中找到一整個樂團和舞女的場景，也有家裡的貓蹲在女主人椅子下的畫面呢。

放大鏡
沼澤林中

我們知道古埃及人很擅長觀察大自然。而在這幅壁畫裡，埃及畫家在沼澤的部分巧妙地處理了一個小細節：五顏六色的野鳥在沼澤中的莎草林裡震翅飛舞，整個場景畫得非常生動！兩支向上揮舞的竹竿也打到了幾隻鳥。在漫天飛揚的場面中，裡面還藏著三隻蝴蝶、兩隻蜻蜓，你找到了嗎？

葡萄藤下

大家正全力以赴的採收著葡萄。兩個人在藤架下面採收葡萄。有沒有看到採收者的年紀，有老有少呢？年長的老人頭髮灰白，還有個小肚腩；還有彎腰採集葡萄汁的人，也是一頭白髮的老人。

妝點永生

古埃及的陵墓就是死者們永遠居住的地方。整體是石造的，裡面的牆面會畫滿日常生活的場景。有的在田裡工作，有的在工匠的工坊敲打、有的則忙著算帳，也有些部分是大家開心娛樂的日常，整個古埃及的生活歷歷在目。

拉霍特普 與他的妻子諾弗萊特

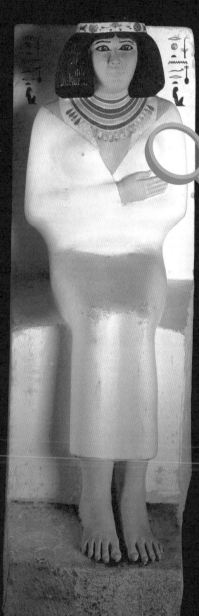

你注意到了嗎？

拉霍特普（Rahotep）是西元前 2600 年第四王朝法老斯奈夫魯（也譯作斯尼夫魯）（Snéfrou）的兒子，也是父親軍隊裡的總指揮。他和住在宮廷裡的**諾弗萊特**（Nofret，意思是「美人」）結為夫妻。

兩人死後一起葬在梅伊多姆（Meïdoum）的梯形墓裡面，位於當時首都孟斐斯的南邊。這兩座石灰岩彩繪雕像是目前發現到保存最完美的一對夫妻坐像。

拉霍特普將右手握拳放在左胸前，而左手放在大腿上。這樣的手勢，呈現了法老左手拿著長棍，右手拿著權杖的意象。由於當時的雕刻技術還不夠成熟，無法將法老的坐像和手持的法器一氣呵成地雕塑出來，所以工匠就想到了這樣的處理方式，巧妙的彰顯出法老的身分。諾弗萊特則是左手完全被包在大衣裡，只有右手露出來。

拉霍特普與他的妻子諾弗萊特像

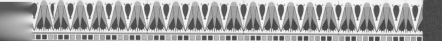

古埃及藝術標準

　　這對夫妻坐像是工匠遵循著古埃及藝術創作標準所完成的作品。對稱的構圖，兩人直視著前方，面貌年輕沒有任何瑕疵。立霍特普的皮膚偏紅色，太太的則是接近淡黃皮膚色。這樣的顏色分別，主要是來強調人物身分的不同。古埃及男性常常在外工作、曬太陽，所以雕像的肌膚會以深紅色呈現。而古埃及女性雕像是淡色系，因為女生不會到田裡工作，較常待在室內，所以通常會有較白皙的皮膚。不過，這也是上層社會女性才有的特徵。

　　雖然一身華服，但兩人卻是光著腳丫。這是因為陵墓是他們長眠的地方，也是永遠的家，夫妻坐像既然是在陵墓裡，當然沒有穿鞋，只有在出門的時候才會穿著涼鞋喔！

虛驚一場的靈異事件

　　1871 年埃及考古學家奧古斯特·馬力葉特發現了立霍特普和諾弗萊特的墓室。當團隊考古工人們進到禮拜堂裡，發現有間只看得到但進不去的房間，於是開始拆除其中的一面牆。當牆面被打碎後，工人拿著火炬照明，想再看得更清楚一點房間裡面有什麼時，突然之間，看到一雙明亮的眼睛正注視著他們，還以為是古埃及人的幽靈，工人們嚇得魂飛魄散，慌張地逃出了墓穴。

為什麼陵墓裡會有雕像？

　　古埃及人相信人死後，靈魂「卡」（ka）可以透過進入雕像，在來世重生，而墓的主人的雕像通常放在陵墓的禮拜堂裡。死者的靈魂一旦進入塑像以後，即可在來世享受他人獻上的供品。對古埃及人來說，即使到了另一個世界，吃飯也是件很重要的事喔！

放大鏡

鑲嵌的眼睛

在古王國時期（西元前 2700-2200 年），雕刻工匠發明了將水晶鑲嵌在銅像裡的技術，用來作為人類的眼睛。水晶被切割成錐形後，反射光線到中間，形成一個小白點，就像真人的眼神炯炯有神的樣子。

打扮的小細節

為了展現他們的崇高地位，兩夫妻的坐像有著許多華麗的珠寶裝飾。拉霍特普留著梳理得非常好的鬍鬚（來表示有理髮師為他打理容貌），脖子上掛著一條項鍊。妻子的頭上戴著如王冠般繡有花朵的美麗髮帶。上身所穿戴的是七層水滴形的珍珠所串成的項鍊，再配上她身上的大 V 領洋裝，諾弗萊特真的是走在時尚的尖端！

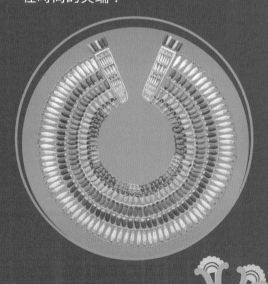

牛群牲畜

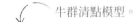你注意到了嗎？

梅克特雷（Mekretrê）曾經是王宮的大管家，也是財務大臣。他去世以後，被葬在距離代爾・埃爾巴哈里（Deir el-Bahari）遺址不遠的一座小山丘上。裡面其中一個小房間存放了他的二十五個彩繪模型。這些模型完整地呈現出古埃及日常生活的全貌：麵包店、釀酒廠、木工店、牛棚，還有漁船以及紡織場。另外，大臣也有屬於自己的私人花園。花園裡綠意盎然甚至還有池塘，讓他可以靜靜地享受這般美景。這套模型是由紐約大都會博物館的考古探險隊於 1920 年挖掘出土。其中一部分的模型保存於紐約。

牛群清點模型。

正在清點梅克特雷所擁有的牛群數量模型。

牛群清點模型

　　「牛群清點」是梅克特雷陵墓裡找到最大的模型。這是一塊長 1.75 公尺、寬 72 公分的模型版，上面從左到右排列，約有二十幾個人物和幾十隻牛。坐在彩繪門廊上的人，正是這些牛隻的主人。畜牧的看守員正在指揮牛群，讓牠們在彩繪大門前面排成一排。不過，這些牛動來動去，不是那麼順從。所以牧牛的人在牛群的兩邊站成一排，揮著棍子讓牛群好好排隊。這麼生動的場景，彷彿身歷其境。如果有聲光效果的話，那就再逼真也不過了！

牛隻定期普查

　　古埃及貴族擁有許多財產，其中包括大批牛群。他們會將牛隻託付給值得信賴的人管理。圖裡的這些牧牛的人就是貴族們請的員工，會定期在貴族面前進行普查，讓貴族們瞭解牛隻的健康狀況。

　　觀察一下，彩繪門廊前面有一位牧牛人，右手放在胸前，身體微微向前彎曲，向貴族表示敬意。但是這個人的後面，卻有另一個人正在他背後舉著一支棍子，很有可能正遭到盤問，隨時可能挨打。他所管理的牛群也同時受到嚴格的檢驗。牛群在古埃及是非常重要的生計來源，牠們供給了牛奶、肉與皮革。母牛也被視為溫柔的象徵，和女神哈索爾（Hathor）有直接的連結。

五顏六色的母牛

製作出這個模型的工匠，根據每一種乳牛的品種，為牠們畫出屬於自己的花色，有米色、棕色、還有黑白相間的。如同牧場博覽會裡牛隻的時裝秀呢！

古埃及日常生活的迷你模型

中王國時期時（西元前 2050-1710 年），陵墓的建造方式出現了變化。從原本需要蓋出一座陵墓建築，到在懸崖中挖出坑洞。在墓室裡的棺材旁邊，會擺放各種木造的模型，主要用來重現死者生前的世界。就像禮拜堂的裝飾一樣，確保死者在轉世後，能夠繼續享受原先的生活。

考古高手
數數看，牛群裡面有幾隻牛呢？

A. 8 隻
B. 9 隻
C. 10 隻

答：C，10 隻。

兩隻河馬

兩隻河馬。

你注意到了嗎？

　　古埃及文裡的**河馬**有兩種寫法：第一種 ，唸成「deb」，第二種 ，唸「khab」。

　　河馬主要生活在尼羅河河谷附近，雖然看起來慢吞吞的，卻是一種深藏不露的動物！身高接近 1.6 公尺，體重可以重達 3 噸以上。牠非常靈活，有狀況時，可以高速奔跑，破壞力也非常強，能踩踏一切阻擋牠的東西。

　　河馬是群居動物，一家人生活在一起。河馬媽媽是以保護小河馬聞名。牠們的大犬齒非常可怕，甚至可以穿透鱷魚的外皮！因為鱷魚常常會躲在剛生產完的河馬媽媽後面，等著抓小河馬來吃。因此河馬媽媽和鱷魚打起架來，場面也格外激烈血腥。

尼羅河裡的猛獸

對古埃及人來說，尼羅河裡有兩種特別危險的動物，那就是**鱷魚**和**河馬**！不過，曾經是古埃及人天敵的牠們，現在在埃及已經非常少見了。

自從 1960 年代的尼羅河大壩完工後，鱷魚與河馬已經往更南邊的地方遷徙，主要棲息在蘇丹。

河馬是古埃及人的日常威脅？

那麼，為什麼古埃及人的墓裡要放這些猛獸的小雕像呢？其實，在葬祭文裡，河馬是會破壞河岸農作物的動物，不是吃掉作物，就是把作物踩得亂七八糟。這讓古埃及人非常傷腦筋。

在神話裡，賽特神會變成河馬來攻擊荷魯斯。神廟裡的河馬通常是以被刀刺穿或是魚叉刺穿的形象出現，像是古埃及文寫成：，就是因為沒有被制伏的河馬，是**非常危險**的動物！

有沒有發現，這裡兩個河馬小雕像全身塗成藍色，就像是牠們浸在水底，受水草圍繞的樣子，看起來相當無害。在出土的河馬雕像上，有時還可以找到一隻鷺，是一種會停在河馬以及牛的背上的鳥，幫忙吃掉河馬皮膚上的寄生蟲。

這就是大自然的互惠共生聯盟！

河馬女神塔沃里特

河馬的形象也不是一直都是兇猛的化身。河馬也有受人喜愛的一面，有著仁慈女神的形象。她是懷孕女性的守護神，與伊西斯和哈索爾有關，名字叫作塔沃里特（Taouret），或是希臘文裡的塔維里斯（Thouéris）。用後腳站立，上半身有人類女性的象徵。古埃及裡也有一個專門慶祝白色母河馬的節日。

放 大 鏡
唯妙唯肖的河馬

創作出這個藍色河馬的雕塑家對河馬觀察得非常仔細：

整個身體圓滾滾的，有著小耳朵、突眼睛和大鼻子。

就連河馬短短的四肢上加了腳趾都很仔細地刻畫出來，凸顯出雕刻家的細心。

手繪圖案

有看到河馬身上的花草紋路嗎？有盛開的睡蓮或是荷花苞……等各式各樣的草本裝飾圖案。

考古高手

彩繪釉的小河馬是拿來做什麼的呢？

A. 牠們是守護神的形象化身。
B. 牠們是來生的寵物。
C. 牠們是一種玩具。

答：A。

盤腿抄寫的人

 你注意到了嗎？

這尊抄書吏盤腿坐像，應該是目前已知的抄書吏雕像裡最有名的一尊。除了一點顏色與表面磨損，整個雕像的保存狀況相當良好。

透過抄寫來學習

在古埃及能當上抄書吏其實就是鐵飯碗的保證，能夠過上好生活。在古埃及社會裡，並不是每個人都可以讀書、上學，只有菁英、貴族才會學識字、寫字。

古埃及的學習方式，是在一位老師的帶領下進行名著抄寫。

古埃及考古學家有時候會發現刻寫在木板或是石灰片上的練習作業。老師也有一套專門治上課不專心學生的方法：「棍子亮出來，學生的耳朵自動就會打開了」！

資質好的學生會進入高級行政機關，負責撰寫全國各地的各式公文。多虧抄書職業的存在，我們今天才能得到那麼多寶貴的文件來研究古埃及人的行政系統。

抄書吏的文具盒

每位抄寫的書吏都有一個調色盤，其中的長條凹槽用來放畫筆，前端的兩個圓形小凹槽用來放黑墨和紅墨水。

寫字的時候，紅色墨水用於寫標題，而今天的法文字「rubrique」，其中的拉丁字源「ruber」就是「紅色」的意思喔！

書寫用的調色盤

是真人的肖像嗎？

抄書吏盤腿像，是一位男子盤腿坐在一個黑色半圓的底座上。背部直挺挺的，眼神望向前方。左手握著一捲莎草紙尾端，右手可能是握著一支筆的手勢。

不過筆已經不在他手裡了。他身上像是圍裙的纏腰布，因為盤腿而變得緊繃，可以當他的桌子。

這位抄書吏的面貌非常有個性，他的寶石鑲嵌的眼睛給人一種錯覺，彷彿看到一個活生生的人。下半身穩重，腹部甚至有贅肉。和其他的抄書吏雕像相比，這張臉孔特別生動，令人印象深刻。但是，你覺得這是一座寫實的雕像嗎？仔細看他高高的顴骨、方形下巴，凹陷的臉頰和緊閉的嘴唇有點不太自然……這樣的人真的存在嗎？

哪裡怪怪的……

不過這尊雕像確實有一個奇怪的地方：他的頭部好像跟身體接不上，不是那麼連貫的樣子。頭部給人的感覺是一個嚴肅又認真的人，但身體卻呈現鬆垮的狀態。

若仔細讀象形文字所記注的：這位是「德高望重」的人，也就是說，這是一位重要人物囉。

身分不明

埃及考古學家奧古斯特‧馬力葉特在 1850 年在薩卡拉（Saqqarah）考古時發現了這尊雕像。

雖然我們缺少能夠確認人物的頭銜與名字的石灰岩基座，但是基於它的工法非常細膩，可以判斷，很大的機率是在王室的工藝工作室裡完成的作品。因此，工匠做描繪的對象，很可能是一名王子。

仔細看，他並不是正在抄下某人所講出的話，倒比較像是一位名門貴族的態度。

考古高手

抄書吏手上是拿什麼來當作寫字的工具？

A. 羽毛筆

B. 蘆桿筆

C. 鉛筆

答：B。

87

派對時間！

內巴蒙（Nebamon）之墓裡的壁畫碎片

 你注意到了嗎？

每一件好事發生，都是值得和親朋好友一起慶祝的理由。

通常都會有一桌豐盛的食物，賓客好友前來一起欣賞歌唱、奏樂或是由年輕女孩演出的舞蹈表演，而女侍們在會場裡來回走動，忙著倒酒、為賓客擦上香膏。

文獻裡記載了許多古埃及人慶祝的場合：婚禮、神祇出巡，甚至在葬禮上也會有宴客。像這樣的慶祝場面，在許多的陵墓裡都有刻畫出來，尤其到了新王國時期，通常賓客可以多達十幾個人。

夜夜笙歌

古埃及人的日曆裡滿滿都是節日和慶典，讓大家可以常常聚在一起享樂、慶祝。酒的供應源源不絕，每個人頭上都戴著花圈、載歌載舞，徹夜不眠！

精心打扮的賓客

壁畫上方坐著一排賓客。除了兩個人剃頭以外，男男女女都戴著造型假髮。

他們身穿裙子或長袍，腰間繫著精緻亞麻做的腰巾，肩上套著大花圈。

兩對夫妻肩並肩坐在一起，但兩個人中間又有點間隔，以便我們可以看清楚每個人的樣子。其中一位女性手臂伸到男性的背後，這樣的手勢目的在於表現出兩人是一對夫妻。

冷知識：有沒有看到每個人身上的衣服都有一條一條的黃色折線。其實這是以繪畫的方式來代表這些華服已經在香水裡浸泡過了。看一看每個人身上都有，那現場一定是香噴噴囉！

來跳舞吧！

有沒有看到，在壁畫的下排有四位女性坐在地上，女樂手正在吹奏雙管笛為旁邊的兩位女性伴奏。而左邊三個女性正用手掌為樂曲打著節拍。

畫出這幅壁畫的古埃及藝術家特別注重頭髮瀏海、指甲、甚至是腳底板的方向……等細節。

其實在這面牆上還有另一片對應到這個畫面的壁畫，也是一樣，有另一組女樂手在演奏樂器。哎呀，要是我們能夠知道她們在演奏什麼就好了！

放大鏡

有別於其他樂手的女性……

我們在下排看到，位於中間，兩位看向正面的女性，馬上就吸引到我們目光。

這其實是藝術家對於處理女性臉部表情的一個大膽嘗試。也因為他觀察細膩，才能把兩位樂手的韻味用畫筆勾勒出來。

藍蓮花

許多賓客用手裡拿著的盛開蓮花，往鼻子前面放。這其實是和冥界有關的象徵動作，聞香味或花朵香氣代表那位人士已經到來世了。

考古高手

壁畫上賓客身上一條一條的黃色，代表什麼意義呢？

A. 是亞麻布染過的顏色。
B. 是浸泡過香水的香氣痕跡。
C. 衣服沒有洗乾淨。

答：B。

你注意到了嗎？

佩皮二世 (Pépy II) 是古王國時期的最後一位法老。佩皮二世在年紀還很小的時候就登基為王，而他的母親在他身邊聽政，由於佩皮二世在年紀還很小的時候就登基為王，所以她的母親在他的身邊輔佐他，處理國家大事。直到佩皮二世長大成人，能夠治理天下為止。但在他之後的王室權力漸漸式微，導致這樣輝煌的時期走向衰敗。

圖裡的精美小雕像很可能是向王后致敬所做的，法老坐在王后的腿上，就像是坐在王座上。法老這裡的身形是大人，頭部卻是小孩的樣子，頭戴尼美斯，雙腳放在一個刻有法老名字的底座上。

古埃及的媽媽照護

在古埃及有小孩誕生是家庭喜樂的來源。自古以來，他們非常會照顧新生兒，並以此聞名，就連照顧健康有問題或身體有缺陷的嬰兒也難不倒他們。

懷孕的女性在古埃及社會是能受到良好的照顧，也能得到許多支持。現在還能找到許多關於古埃及產婦照護的醫學著作。裡面寫到，生產的那天，擁有法術的助產士會出現在現場，為產婦祈福。

安肯納斯美瑞爾二世王后與佩皮二世

母子像

　　王后背部挺得直直的，坐得非常端正，動作顯得溫柔。其實她正在用她的左手扶著兒子的背後，幫他維持坐姿。兩個人的手輕輕疊在一起。因整座雕像兩個人都非常挺直，也就成為**象形文字裡圖像「**👤**」**，唸作**「renen」**，有**「扶植」、「養育」、「照顧」**的意思。

élever

　　王后可不是普通的女性，從她頭頂上的大王后王冠就能知道，她是將王權傳給兒子的重要人物。王后雕像的假髮前端，本來應該是有一隻禿鷹的，由於是最後才鑲嵌上去的部分，如今已經遺失，只剩下一個小圓孔。

給寶寶的日常用品

　　古埃及裡有一整系列專門為嬰兒設計的用品：**有可水洗的亞麻尿布、小件的衣物、襪子和玩具，甚至還有編織的背帶**，方便母親移動和工作。有些對個人有情感連結的東西，像是奶瓶，也能夠在古埃及的陵墓裡找到。古埃及的奶瓶長得像一個小盆子，一端有開一個小孔，寶寶可以從這裡喝奶。

　　為了保護新生嬰兒，奶瓶邊緣畫有恐怖的精靈、猛獸在上面，用來嚇走惡靈或是避免食物污染。如此駭人的圖案，想必應該蠻有效的吧！

考古高手

這座雕像在埃及象形文字裡所代表的是什麼意思？

A. 戰鬥。
B. 睡覺。
C. 照顧。

釉彩材質的奶瓶 ↗

C. 照顧。

拉美西斯二世孩童

👁 **你注意到了嗎？**

拉美西斯在這裡是以小孩的形象呈現，坐在一塊軟墊上，右手食指放在嘴巴前面，和古埃及象形文字裡「🧍」一模一樣。

頭上的大髮辮自然地垂到右肩上，形成一圈。這位可不是隨隨便便的小男孩，而是位**小王子**呢！看看他手上戴著那些貴重的手環，還有又大又重的耳環垂在那裡。他身穿長袍，上面有許多皺摺，看起來有些透明，可以看到他雙腿的輪廓。頭飾一點都不普通，還有著眼睛蛇形的髮圈。

拉美西斯二世孩童樣的浮雕

王中之王

　　拉美西斯二世總共治理古埃及 **65 年**。在位這麼久的期間，也就讓人們留下不少藝術作品與建築奇蹟。不過他自己也有小小的私心，就是把自己的王名圈刻畫在各式各樣的建築紀念物上，包括先人的陵墓上。這就是為什麼我們到處都可以看得到他的名字⋯⋯

謎底就藏在圖中

　　做出這個浮雕的藝術家巧妙地給了圖裡的法老一個隱喻。有看到拉姆西斯坐的那個小墊子嗎？這個兩邊凸起，中間凹陷的墊子形狀 ，在古埃及文裡有「山」的意思。而另外，有個符號 每天會出現在一座山與另一座山的中間，會是什麼呢？那就是古埃及文裡用圓盤代表的太陽！所以兩個符號合起來就等於拉姆

山

西斯的名字：「從太陽誕生的人」。這樣法老名字的撰寫方式，還真是聰明！

雙面浮雕

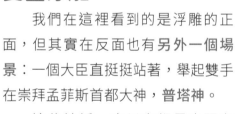

　　我們在這裡看到的是浮雕的正面，但其實在反面也有**另外一個場景**：一個大臣直挺挺站著，舉起雙手在崇拜孟菲斯首都大神，**普塔神**。

　　這位神祇一直以來都是出現在浮雕的背面，和拉美西斯是正反的一對，一個代表白天，另一個代表黑夜。可惜的是，石碑的上方缺損嚴重，沒能看到大臣的面孔和名字。古埃及考古學家目前認為這個人應該叫作帕薩（Paser）的大臣。

認出拉美西斯的小技巧

其實只要看到一個人有著小嘴鷹鉤鼻、圓潤的臉頰，還有圓滑的眼線輪廓，那就是拉美西斯啦！

考古高手

有什麼樣的象徵符號是用來表示王室人物？

A. 眼鏡蛇型的頭冠
B. 有皺摺的長袍
C. 有畫眼線的眼睛

答：A。

古埃及人也玩桌遊

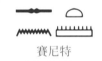

你注意到了嗎？

古埃及人非常喜歡玩桌上型益智遊戲。目前最早的桌遊是石造的遊戲板，在史前時代末期的墓室裡找到。

遊戲的種類隨著時間越變越多元。到了新王國時期，古埃及人為了在任何情況下都能玩遊戲，於是製作了旅行用的遊戲模型，實用又輕巧，且方便攜帶。圖坦卡門的墓室裡就能找到這款遊戲組。

五花八門的遊戲

埃及最古老的遊戲是條蛇捲成一圈的形狀，叫作盤蛇圖（mehen，有「盤繞」的意思）。旗子則是以象牙雕成的公獅或母獅，考古學家目前推測，規則類似「誰先走到終點，誰就贏了」。目前除了 賽尼特遊戲以外，還有二十格遊戲、有用到旗子和彈珠的犬豺棋。但由於遊戲規則失傳後，沒有任何說明，目前我們仍無法知道玩法與遊戲規則。

賽尼特

以阿蒙霍特普之名的
賽尼特（senet）桌遊

拉美西斯二世之妻娜菲塔莉王后，在她的陵墓裡下棋。

贏得進入來世的門票

　　最有名的桌遊圖像就是娜菲塔莉（Néfertari）王后在陵墓中下棋的樣子。王后坐在一張黑木椅上，頭戴王冠，帶著一條厚重的項鍊和清透的裙子。右手拿著權杖，左手正準備移動旗子。奇怪的是，王后是獨自一個人……和看不見的對手下棋！看起來，她必須贏得這場遊戲，好進入下一個關卡，也就是來世。

棋盤與旗子

賽尼特是雙人遊戲。棋盤和阿蒙霍特普的棋盤一樣有三十三格。棋子造型多樣，有錐狀、圓盤狀、人偶或是動物造型。而古埃及人的骰子是細細的長條狀，可以是動物骨頭或是象牙做成的。看骰到哪一面，棋子就走幾格，越快將自己的棋子從棋盤上走完的人就贏了。不過千萬要小心！不要掉進像是水域的陷阱格裡，不然就得回歸起點，重新開始！

遊戲盤的神祇符號

阿蒙霍特普的遊戲盤是彩釉燒陶。有看到那些由黑線所描出的圖案嗎？一個是伊西斯女神的繩結提耶特，另外一個則是象徵歐西里斯脊椎的節德柱。而這個象徵冥府的圖案，代表這套遊戲在陰間有它特別的用處。

「加分格」

棋盤上其中四格有一個特殊符號。上面刻有「𓄤」，在古埃及文裡是「好」、「美滿」、「完美」的意思，那在遊戲裡應該是「加分」的意思。所以玩家如果走到這格裡面，可以再躑一次骰子。

賽尼特桌遊裡有幾個格子？

A. 20 個
B. 58 個
C. 33 個

答：C。

千奇百怪小物

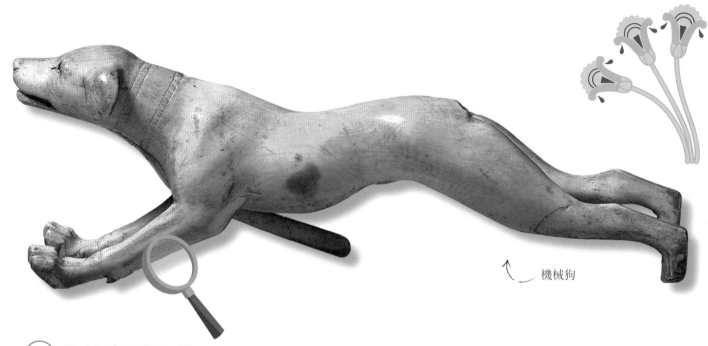

↑ 機械狗

👁 你注意到了嗎？

　　這隻可以手動的機械狗玩偶，頭用力的往前伸，四條腿使勁伸直的樣子，彷彿在瘋狂追逐什麼。流線型的**身軀**、明顯的**肌肉線條**，工匠很細心地還原小狗的**體態**以及**特徵**細節，例如：圓圓的**鼻子**和垂垂的**耳朵**，就連腳**趾頭**、甚至**爪子**都一一細心刻劃。**脖子**上也刻有寬寬的項圈。所以我們能夠斷定的是，這一隻是有受過訓練的小狗，在狩獵的時候可以派上用場，追捕大型獵物。

　　圖坦卡門陵墓裡的一把扇子上，也有一隻類似的小狗圖像。牠正奮力地跑在戰車旁邊，追趕著駝鳥。

圖坦卡門的小狗玩具

　　在圖坦卡門的陵墓開放給大眾參觀之前，霍華德·卡特和卡納封爵士早已經偷偷從墓室裡摸走一些「紀念品」……

　　大多數玩偶都是木製或是布做的，若是給王子的玩偶則會選擇使用更好的材質。不過目前埃及的考古學家發現，如果是使用象牙製成的物品，由於材質比較脆弱，也不像是給小孩的玩具，反而比較像是具有象徵意義的作品。而小狗的形象比較像是在與惡勢力搏鬥。不過，最令人驚奇的是這個小狗玩偶的嘴巴可以開闔，這應該是到目前為止發現到最古老的機關技術呢！

象牙製的器物

古埃及人在製作貴重的物品時，會使用稀有的材質，例如：以來自非洲的黑色木材叫作烏木的木材或是用象牙打造器物。不過關於古埃及象牙的來源，有兩種說法，一種是來自**河馬的犬齒**，第二種是真的來自**大象**。河馬在尼羅河很容易捕捉到，如果是來自大象是更稀有的。到了新王國時期，埃及已經沒有多少大象了，因此必須要從南方的努比亞進口象牙。

儀式用的娃娃

在古埃及，給女生玩的娃娃通常是**亞麻**和**木頭彩繪**做成的。

其實還有一種「另類玩具」是專門用來祭祀愛與音樂女神哈索爾什，所使用的娃娃。

這種娃娃的身型是用一般的木頭上色而成，頭上則用一撮用小珠子、亞麻線串成的茂密頭髮。通常玩偶身上會有兩條用彩色珠子串起，交叉而成的束帶，不過也有人說最下面底部的原型小點代表的是身體上的刺青。這些玩偶可以用來敲擊發出聲響，就像女祭司舉行儀式時所配戴的項鍊一樣，兩者都有像是樂器的功能。據推測，樂手或是舞者也會使用這種娃娃進行表演。

儀式用的娃娃

放大鏡
銳利的尖牙

為了還原獵犬的真實性，雕刻工匠將狗兩側的犬齒，以及紅色的舌頭都呈現在娃娃上面，就像發現目標的獵犬，用盡全力追趕獵物的樣子！

小狗玩具的機關槓桿

原本，在這隻會動的小狗脖子上應該繫了一條繩子，然後透過三個小洞來移動槓桿。但是上面似乎有改良過的痕跡，變成直接用釘子固定槓桿來操作。

考古高手

這是飛奔的小狗是在呈現什麼樣的情景？

A. 正在往主人的懷抱飛撲過去
B. 正在準備睡覺
C. 參與王室的打獵活動

答：C。

抓捕鳥類的孩童

蛇王石碑

你注意到了嗎？

　　這座大石碑是法國羅浮宮所珍藏的傑作，若能夠回復成當年完整的樣貌，高度可以達 **2 公尺**。長方形的石碑有著圓弧狀的頂端，上面有一片浮雕裝飾。為了強調老鷹、蛇以及城堡的圖樣，雕刻工匠刻意讓這三個部分顯得更凸起。這座石碑位於阿比多斯城的蛇王之墓裡。石碑被放置在王室墓穴附近，以便可以刻寫下法老的名字，也能夠將他的身分永遠留下紀錄。

蛇王石碑

隨時間變化的雕像大小

大約在西元前 3300 年，自古埃及象形文字出現後，許多珍稀的物品數量也隨著增加，工藝、藝術品的尺寸也變得越來越大。若要回溯到最早的法老雕像，那我們就必須回到王朝前的時代，因為這個時代也是最古老的石碑出現的時期。

荷魯斯圖像的誕生

圖中的這個荷魯斯裝飾圖案非常簡潔。我們一眼就可以認出它是一隻老鷹，也是在描繪荷魯斯，王室的守護神。

不過特別的地方是，它其實是站在一座堡壘上。根據古埃及的藝術規則，若要表現出城牆正面，那麼就得畫兩道門和三座塔的圖案。而建築物的其他部分，則以平面形式呈現，畫一個長方形來表示其他三面城牆，像是我們從天空中俯瞰一樣。這樣的方形圖形對古埃及人來說，就能知道它代表的是一座四面都圍起來的封閉建築，裡面住著國王。在這裡，國王是以蛇的形象化身，確切來說，應該是一隻被馴化的眼鏡蛇，在古埃及文裡唸作「吉」。

而三個元素合起來形成一個古埃及象形文字符號，就是 🏛️，唸作「塞拉赫」（serekh），有「身分」，使用於寫出法老荷魯斯稱呼。

塞拉赫

誰是蛇王？

在堡壘裡的那條蛇，並不是隨便的一條蛇，而是眼鏡蛇。牠能伸能屈，在牠感受到危險的時候，任意變形。而埃及的眼鏡蛇遇到危險時，會向敵人吐出毒液，若皮膚接觸毒液的話，可能會造成嚴重的灼傷，當古埃及人瞭解到眼鏡蛇的天性後，就將牠畫下，變成護身符號。眼鏡蛇的意象就是有危險的時候，隨時可以噴出毒液。這也是為什麼在每個法老的額頭上，都有一隻眼鏡蛇。而在神祇的禮拜堂柱子上可以時常看到眼睛蛇的蹤影。

巧妙的構圖

工匠為了不讓鷹神荷魯斯的尾巴碰到石碑的浮雕框，就將王宮以及眼鏡蛇微微偏左一點點。這樣一來，荷魯斯神就能出現在石碑的正中央。

考古高手

阿比多斯的大石碑是用來做什麼的？

A. 用來標明埋葬在此地法老的身分
B. 用來標示小心有蛇出沒
C. 裝飾用

答：A。

法老卡夫拉

卡夫拉與老鷹像

你注意到了嗎？

卡夫拉是古夫王的次子，父親就是第一個在吉薩高原建造大型金字塔的法老。

而古夫的長子雷吉德夫（Rêdjedef）則是選擇將自己的陵墓建於偏北一點的阿布哈瓦什（Abou Rawach）。雷吉德夫死後，王權落到弟弟卡夫拉的手上。

卡夫拉統治期間非常活躍，下令打造了各式各樣非常出色的古埃及雕像。

一百多座法老像

通常和金字塔互相連通的神廟，會供奉法老的雕像。而古埃及人可以透過膜拜法老，讓法老名聲永垂不朽。考古學家發現，卡夫拉的陵墓裡有大量的雕像碎片，而左圖是少數保存狀況良好的雕像。據統計，陵墓裡大概超過一百座雕像皆是呈現法老坐在王座上的雕像。

莊嚴的法老

法老坐在一張由兩隻獅子撐起的寶座上，雙手垂放在大腿上，一手握拳，另一手平放在膝上。他戴著上面有著眼鏡蛇裝飾的尼美斯頭巾。容貌看起來年輕，眼睛睜得大大的，嘴巴閉著。他蓄著尖尖的鬍子，可惜雕像的鬍子底部已經斷裂。他身穿名叫「*chendjyt*」，摺成三面的纏腰裙。在自己的「永恆之家」裡，法老不需要穿鞋，所以打赤腳。另外，還有一個方法可以幫我們辨識出這座雕像就是代表法老，就是寶座兩旁有象徵「兩埃及統一」、塞瑪塔威（*semataouy*）的百合花與莎草。

荷魯斯的現身

乍看之下，雕像會讓我們以為只有法老坐在寶座上。不過仔細一看，鷹神荷魯斯也在上面。祂雙翅打開，護著法老脖子的兩側，一方面維護法老統治的正當性，另一方面也有守護法老安全的意義。

確實，正因為卡夫拉並不是長子雷吉德夫般的正統繼承人。因此我們猜測，卡夫拉在掌權後，為了要證明自己的正統性，才會下令製作上百個雕像，甚至將自己的金字塔蓋在父親旁邊來證明自己是真正的法老。

神聖的石頭

這座法老雕像，是以來自努比亞的片麻岩所雕刻而成。但為什麼古埃及人要那麼大費周章跑到南邊採集這種石材，再運到吉薩高原呢？

其實啊，當太陽下山，光線變暗的時候，片麻岩彩色斑斕的表面會開始呈現藍色。古埃及人因此認為片麻岩是神聖的石頭！

鷹神，法老的守護神

荷魯斯棲息在法老背上，別看祂頭小小的，雖然被擋在法老的頭部後面，若我們從正面看祂，渾圓的雙眼是非常有靈魂的呢。

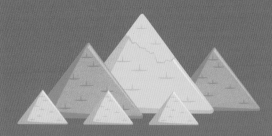

考古高手
卡夫拉金字塔位於埃及的哪裡？

A. 位於阿布瓦吉什上。
B. 位於帝王谷中。
C. 位於吉薩高原上。

答：C。

阿布辛貝神殿

阿布辛貝大神殿

👁 你注意到了嗎？

　　拉美西斯法老選擇在阿布辛貝的懸崖開鑿出兩座**神殿**空間，一座是給他自己的，而旁邊另一座小型的，則是為他的愛妻娜菲塔莉所建造的神廟。

　　懸崖被挖空後，以四座高 **20 公尺**的巨型雕像坐鎮，而四座都是拉美西斯正面的雕像。中間入口處上方，則是太陽神拉-哈拉胡提的浮雕，彷彿是從懸崖壁由裡而外走出來的。而下半身腿部旁刻有兩個符號一個是烏瑟（ouser）以及女神瑪亞特（Maât）。三個符號元素組合起來的意思其實就是：「拉神女兒的瑪亞特是強大的」，而這就是拉美西斯二世的其中一個稱號喔！

征服的野心

埃及南方、蘇丹北部一直以來都是古埃及人想要征服的地區。該地區富含金礦，又有尼羅河可以通往充滿珍貴材料的產地。從新王國時期開始，征服固有疆域以外的土地變成法老的首要任務，也在征服到手的領地各處，積極興建神廟。

宏偉的神殿

神殿內部主要空間有：前廳、大型柱子的廳堂以及小型的神殿。這三個主要空間的周圍會有多個長形的儲藏室，主要用來儲存祭祀用的物資。內部的壁畫則是以描繪卡疊石戰役（Qadesh）中和西臺軍隊對戰的場景。其實神殿裡原本的樣子應該是色彩繽紛，所有的壁畫皆以鮮豔的顏色彩繪而成。只是經歲月流逝，風吹日曬後，壁畫漸漸蒙上一層灰。不過，這座神廟除了鬼斧神工的雕刻之外，還精心地計算出自然現象與建築的互動，設計出一種強烈氣氛感，至今我們都還能夠臨場體驗。當光線進入神殿後，會完全照亮神殿深處的太陽神拉、阿蒙、法老拉美西斯二世以及普塔神的雕像。如果能夠親眼看見，一定是非常震撼的畫面。

浩大工程

1960 年代埃及政府做了一個重大的決定，想要在埃及的阿斯旺（Assouan）興建大壩來解決水患，以及洪水所衍伸出的饑荒問題。不過其中過程十分繁複，耗時又耗力，水壩後頭的村莊以及古蹟都可能沉入水裡，永不見天日。因此，當時的國際社會便呼籲要搶救這些遺址與古蹟。過程中，發現中王國時期的建築要塞皆由土磚建成，無法直接搬移，只好忍痛放棄。不過石造的神殿是可以將它**切割成數百萬塊的石頭磚**，移到地勢較高的地方，重新建造還原。阿布辛貝應該是有史以來最浩大的工程吧！

放大鏡
毀損的巨像

有沒有發現，左邊數過來第二個巨大雕像的上半部，完全被毀壞了呢？到底是發生了什麼事？其實在神殿完成沒多久後，該地區發生過大地震，把雕像的上半部給震壞了！由於損壞程度太大，古埃及人也沒辦法修復，只好讓它保持原狀。

正在崇拜太陽的狒狒

在神殿的頂端，有一排狒狒裝飾的圖騰。若從正面看上去，牠們整齊劃一，高舉著雙手並手掌朝外，正在做崇拜的手勢。不過實際上，其實是狒狒每天早上群聚在高處，在太陽升起時發出叫聲的習性。因此古埃及人將牠們放在神殿的頂端，彷彿每天都在慶祝新的一天！

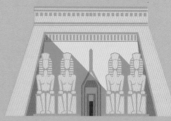

考古高手
阿布辛貝大神殿位於哪裡呢？

A. 在現今蘇丹北部的努比亞。
B. 在埃及北部，尼羅河三角地帶。
C. 在底比斯，卡奈克旁邊。

答：A。

人面獅身在吉薩

↑ 吉薩的人面獅身

👁 你注意到了嗎？

人面獅身（Le sphinx）通常是由人的頭部和俯臥著的獅身結合在一起的雕像。古埃及也有許多其他動物的頭部接在人類身體的神祇，例如：卡奈克神廟裡是公羊的頭。

而人面所代表的通常是戴著尼美斯頭巾和一撮綁起來的山羊鬍樣子的法老。

但人面獅身象徵的什麼呢？它主要是代表王權，用來維護神祇，所以出現在連接各個神廟之間的大道上。但獅身人面像也是太陽神霍雷馬赫特（Harmakhis）的象徵，而一系列與這位太陽神有關的崇拜活動，曾圍繞著吉薩的獅身人面像舉行。

多種稱呼

人面獅身就和金字塔一樣，穿越了千年歷史，從未真正被遺忘。直到今天，仍吸引成千上萬的遊客來看它。不過因長時間被沙子覆蓋，現在只剩頭部露出。

關於人面獅身像，許多的古希臘羅馬和阿拉伯作家都喜歡將此元素加入創作，也將它和許多寶藏或是魔法有關的傳說連結在一起。在科普特語（埃及基督徒的語言）裡，人面獅身被稱為「Balhouha」，而在阿拉伯語中，被稱為「Abou'l Hôl」，意思為「恐怖之父」。

王子的「白日夢」

在古埃及中王國時期時，此地呈現風沙將整個人面獅身埋在沙丘裡的狀態，因此當時的人們並不知道人面獅身的存在。不過就在新王國時期，發生了一件奇妙的事。

當時還只是眾多年輕的王子之一的圖特摩斯四世，常常在吉薩高原上駕著戰車奔馳。某一天，因為實在太熱了，受不了高溫的王子就跑到埋住人面獅神的沙丘旁邊的陰影小睡一陣子，並做了一個夢。在夢裡，人面獅身像開口向他說話，並承諾如果他能將人面獅身從沙丘裡挖出，就讓他擔任下一任法老。夢醒之後，王子急急忙忙地開挖，守住了自己的承諾。之後他也順利地當上了法老，並在保佑他的人面獅身兩隻前爪之間放了一塊粉色花岡岩石碑，這塊石碑被稱為「記夢碑」。

歷史的見證者

人面獅身這座雕像見證了許多事情，而時間也在它身上留下了痕跡。現在雖然在表面上看不到任何顏色，不過在古羅馬時代，雕像上面的顏色仍清晰可見。它的臉部也留下許多被工具破壞過的痕跡。沒錯，在歐洲中世紀時期，人面獅身像被認成是某種偶像崇拜的對象，導致有些人想要將它摧毀。也有人說，人面獅身的臉部毀損，是因為19 世紀法國遠征埃及時，對人面獅身發射了砲彈而把它的鼻子打壞。但目前沒有證據能夠證明這件事與法國人有關。

關於尋寶的傳聞……

世界上有許多關於人面獅身像以及周圍所發生的神祕事件的各種傳聞。

長久以來，尋寶者都將《深藏珍寶與奧祕之書》奉為聖經指南來尋寶。

這本書裡有講到藏寶地、寶藏發現地點的指示。直到今天，仍有許多人相信人面獅身的腳下仍埋藏著許多神祕通道……

考古高手
人面獅身像距今幾歲了？

A. 超過 4500 歲。

B. 大概 2000 歲。

C. 1000 歲。

答：A。

阿肯納頓與奈芙蒂蒂

你注意到了嗎？

　　法老阿肯納頓和妻子奈芙蒂蒂，應該算是古埃及裡最有名的王室夫妻了。

　　圖中的夫妻雕像小巧又精緻，保有了原本的顏色。夫妻手牽手、肩並肩一起站在一塊黑色底座上，兩人的左腿都稍稍往前跨了一步。

　　法老與王后的特徵皆受到背板的襯托，而特別鮮明，容易辨識。

　　而這塊背板後面，刻著兩人的橢圓形王名圈，以及太陽神阿頓的字樣。

　　正是因為阿肯納頓提出了宗教改革後，日常的崇拜儀式出現了變化。古埃及人們將小雕像放置小禮拜堂中，用於每天膜拜。

法老阿肯納頓和妻子奈芙蒂蒂

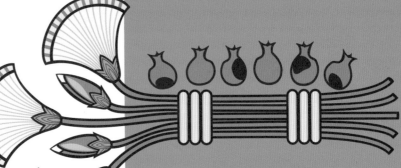

盛裝打扮！

阿肯納頓和奈芙蒂蒂的一身打扮，可以說是價值連城。兩個人都戴著高聳且有眼鏡蛇裝飾在前方的藍色王冠（kheprech）；脖子上都戴著有大片飾品的項鍊，腳上套著金色涼鞋。法老的**白色亞麻皺摺裙**纏在腰上，再用紅腰帶將它繫在小腹下方。

至於王后戴著金色圓形大耳環，**百摺長裙**緊貼她的身形，和披在她肩膀上的披肩一樣精緻。她肚子上方也繫了一條紅色腰帶。

「現在，我宣布你們成為夫妻！」

在古埃及，婚姻是嚴肅且重要的人生大事。雖然沒有宗教儀式，但古埃及人會舉辦婚禮慶祝活動，向新婚夫婦贈送禮物。結婚的主要目的就是為了傳宗接代。

古埃及的家庭象徵

法老溫柔地牽著妻子的手，這樣的畫面在古埃及的藝術裡是非常罕見的，特別是在王室的所有物裡更是稀有。不過，在阿肯納頓將首都遷至**阿瑪納**以後，這種表現家庭的親情關愛越來越多。從贈送禮物、**食物**到**親吻、擁抱**……個個畫面都是在頌揚家庭成員之間的感情。

但因為阿肯納頓將宗教改革成只能信奉唯一的神——阿頓神，導致在他死後許多藝術作品都被毀壞。我們今天還能看到這座完好無缺的小雕像，實在是非常幸運！

放大鏡
法老與王后的兩種項鍊

法老和王后所配戴的項鍊面積都很大，像是掛在他們上半身的領圈。不過兩個人的項鍊組成不一樣，法老戴的是由兩排紅色以及藍色花瓣所串成的花圈項鍊。而王后的項鍊，則是由紅色與黑色珍珠，紅白相間所串成的寶石項鍊。

法老的小肚腩

阿肯納頓的肚腩在這雕像上非常明顯，和先前法老展現自己平坦的腹部，是非常不一樣的表現手法。關於這點，考古學家們想出了許多假設來解釋這個身形表現，有些人認為這是像孕婦一樣的肚子，用來展現法老的財富與生育力。

考古高手

阿肯納頓頭上所戴的藍色王冠叫作什麼名字？

A. khepech
B. kheprech
C. uraeus

答：B。

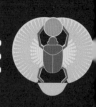

奈芙蒂蒂

你注意到了嗎？

這座美麗的頭像不僅展示出奈芙蒂蒂五官比例勻稱，也完全藏不住她優雅的氣質。王后戴上她最常戴的平頂藍色王冠（至今我們還不曉得這頂王冠的稱呼為何）。

兩條紅綠相間的緞帶妝點著王冠，最後在垂落到她脖子的後方。胸前則戴著一大串花圈項鍊。

臉部五官是如此精緻、完美，臉部五官是如此的細緻沒有瑕疵，完美到讓人有一種「沒有人類氣息」的感覺。鼻翼兩側、眉毛以及豐滿的嘴唇完全對稱。奈芙蒂蒂完全符合我們當今對美人的定義！

奈芙蒂蒂半身像

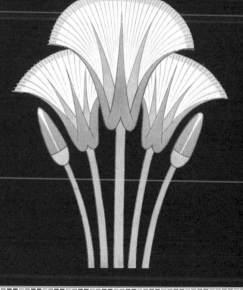

驚艷世人的大發現

　　1912 年 12 月 6 日，一隻德國考古團隊在阿瑪納地區一位叫作圖特梅斯（Thoutmès）雕塑家的工作室遺址裡，發現了這座奈芙蒂蒂頭像。一看到雕像驚為天人，堪稱神作，大家興奮不已。那天傍晚，德國考古學家路德維希·波爾哈特（Ludwig Borchardt）就在筆記本中寫道：「王后的彩色頭像，高 47 公分。頭上戴著一頂平頂藍色帽子，中間圍著一條緞帶。顏色出奇地鮮艷。工藝品質非常出色，無須贅述。必須親眼見識一番！」

圖特梅斯的工作室

　　圖特梅斯工作室裡充滿了各式這樣的雕塑，有些乃是打完草稿的樣子，有的則尚未完成，更有些上面畫上黑色線條標出需要修改的地方。研究顯示，圖特梅斯可能是掀起新一代古埃及藝術的始祖。他擅長處理寫實肖像臉孔，而王后的頭像是最常出現的主題。這也是第一次在古埃及歷史上出現有混合不同材質拼組成雕像的技術，像是帽子部分以石灰岩製成，但臉部則選用花崗岩雕刻。

為何奈芙蒂蒂目前藏於柏林博物館？

　　當挖掘出奈芙蒂蒂時，埃及與德國贊助的考古團隊想出了分配出土器物的制度。一隊各持有一份分配文物清單。而當時古埃及學家確信，由法國人所管理的埃及博物館，必定將這座頭像選為館藏物件。製定好清單以後，因為奈芙蒂蒂頭像實在太美，每位考古員在昏暗的晚上，扎營的帳篷裡點上蠟燭，列隊來看她最後一眼。第二天，分配結果出乎意料，奈芙蒂蒂頭像竟然沒有在埃及博物館的清單裡。原來，是德國考古隊長波爾哈特在和管理人清算文物的時候，拿著照不清楚的照片，並聲稱頭像是石膏做的沒有價值，故意誤導法國管理人，讓頭像被分到德國考古隊。

放大鏡
象徵愛情的花朵

　　王后的項鍊，主要是蓮花花瓣和曼德拉草果實一排排串連組成。

　　蓮花是有很濃厚氣味的花，而曼德拉草黃色的果實，則象徵著愛情。

不見的左眼

奈芙蒂蒂的左眼，其實根本就沒有存在過。據猜測，應該是藝術家在工作時被打斷，或是他故意留下這座像向學徒展示雕工，把它當作教學用的教材⋯⋯

考古高手
在阿肯納頓治理期間的圖特梅斯的身分為何？

A. 建築師。
B. 雕塑家。
C. 法老的大臣。

答：B。

圖坦卡門的寶座

圖坦卡門的寶座

　　圖坦卡門的墓穴出土了幾張非常精美的寶座。其中有一些寶座明顯看得出來是在法老還是小孩子的時候製作完成的。

　　其中，最令人驚豔的應該就是這張寶座，它鑲滿各式各樣的珠寶，且整張椅子用金箔完全包覆，圖中這座絕對是最華麗的一座了。考古學家在墓室的前廳裡發現它，整座被亞麻布包住。這樣細心包裹著這張寶座，大概是有想要永久保存它的用意。

金光閃閃

　　這張寶座的木材全部都以金箔包覆，而寶座上也每個細節也都有玻璃與寶石鑲嵌。就像卡夫拉的寶座一樣，這上面也有兩隻獅子，四支椅柱也都是獅子的爪子。

　　扶手側面的圖形則是有雙翅膀的眼鏡蛇女神，展翅伸向橢圓形的王名圈。

　　至於椅背上面，王后站在圖坦卡門前為他按摩。在王后身後，則是受花妝點的小桌子，上面有一條花圈形項鍊。

圖坦卡門的寶座

法老夫妻曬恩愛！

關於椅背上的畫面，故事背景發生在宮殿建築裡。仔細觀察一下，法老夫妻的左右是由兩根巨大的植物圖案裝飾的柱子，支撐著有陽光透進來的橫柱。

這樣明亮的氣氛，法老夫妻正在享受兩人時光。妻子安赫森阿蒙（Ânkhésenamon）站在圖坦卡門面前，左手拿著杯子，右手在為法老塗抹香膏。而這種肌膚之間的接觸，對古埃及人來說就是愛情的象徵。兩人身穿百摺的亞麻衣，同樣戴著華麗的項鍊與王冠。看似小情小愛的畫面，其實是個複雜而神聖的象徵符號，集宗教、政治於一圖的重要場面。

椅背後的祕密……

這座寶座的椅背有個不尋常的地方。在某個不顯眼的地方，出現了法老和王后年幼時的名字，分別是圖坦卡頓（Toutânkhaton）和安赫森帕頓（Ânkhésenpaaton）。但實際上在座椅其他地方都是寫著圖坦卡門和安赫森阿蒙。

為什麼會有兩種名字同時出現的狀況呢？法老夫妻有沒有可能想要透過保留舊有的名字，保持與舊宗教的關係呢？這個可能性蠻大的。不過，古埃及考古學家認為，這張寶座可能是在圖坦卡門還小的時候打造的。當法老長大成人後，沒有選擇在寶座上完全抹除自己的舊名，而是在其他地方修改，再加上自己的新名字。

放大鏡

消失的植物莖裝飾

連接兩隻獅子椅腳的橫條木有著象徵「合一」的塞瑪「sema」符號。這裡缺少了象徵上埃及的蓮花以及下埃及的莎草莖。根據英國考古學家霍華德・卡特的推測，可能是因為上面鑲有黃金，所以盜賊把它們盜走了。不過當今法國古埃及學者馬克・加博爾德（Marc Gabolde）提出新的理論，認為應該是圖坦卡門自己喜歡在坐著的時候晃動自己的雙腿，不小心弄斷了這些植物莖圖案的雕刻。還有另一種說法則是把這些植物莖削掉之後的寶座更漂亮，所以將它們去除。

王后的神聖加持

圖坦卡門被視為人間的神祇，膜拜他的儀式，每天持續地進行著。

所以王后為法老按摩塗抹香膏、按摩手部的動作，有可能是在向聖像致敬的手勢。當然這幅圖的意義在於，埃及最重要的王后正在膜拜人間的神祇。

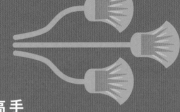

考古高手

法老還在世的時候，這張寶座被放在哪裡？

A. 在神廟裡面。
B. 在王宮裡面。
C. 在堡壘裡面。

答：B。

西克索公主的王冠

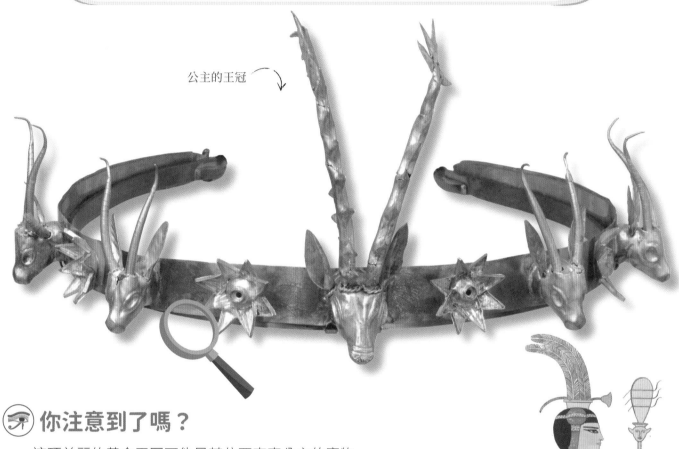

公主的王冠

你注意到了嗎？

這頂美麗的黃金王冠可能是某位西克索公主的寶物。

將這件珠寶賣給紐約博物館的商人指出，王冠來自阿瓦利斯（Avaris）遺址，是我們少數已知的西克索文物。因為黃金的延展性高，所以這頂金王冠可以任意調整大小。

有沒有發現王冠上羚羊左邊的角有些損壞呢？博物館的策展人認為，應該是曾經戴著這頂王冠的公主把它弄壞的。很有可能是因為她的頭髮和王冠上的羚羊角纏在一起，想要解開的時候不小心給弄斷了。

另外，上面看得出來某位手藝精湛的工匠曾嘗試著修復羚羊角，不過手法似乎與原本的工匠有所不同，沒辦法將羚羊角修復成一模一樣的原狀，還是留下了修復的痕跡。

來自東方的圖樣

大約在中王國時期時，有一批被稱為西克索的民族，開始定居在埃及北部，尼羅河三角洲地區。他們來自亞洲**敘利亞**、**巴勒斯坦**一帶，在希臘文裡，西克索的意思為「境外之主」。西克索人趁著古埃及第十三王朝國力漸漸衰敗時，一度奪取了埃及政權，並將首都建立在阿瓦利斯。他們為古埃及人引進了戰車與馬匹，以及來自東方世界的圖樣。

羚羊頭與小花

和古埃及王冠上眼鏡蛇或小花不同的地方是，西克索的王冠上所使用的是**星星狀**的小花以及長角的**羚羊頭**。花的中心有孔洞，我們可以推測原本應該是鑲有寶石。中間這個比較大的羚羊頭，牠的角相對巨大，上面刻著的紋路層層堆疊效果非常壯觀。

西克索文化和古埃及文化一樣，認為羚羊是一種優雅的動物，也是女性特質的象徵。因此只要戴上這頂美麗王冠，就能將自己的氣質與魅力展露無遺。

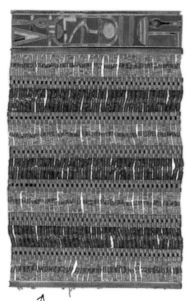

公主的手鍊

王后們的珠寶

王室中的女性每位都擁有珠寶，而其中一部分會和她們一起下葬。考古學家只有在運氣好的時候，偶爾會發現一些盜墓賊沒有拿走的小珠寶盒。

例如，藏於紐約大都會博物館的公主欣塔托琉奈（Sithathoriounet）的珠寶，就是很經典的公主項鍊。而從新王國時期羚羊圖案，特別受到外國血統的王后喜愛，從那時候開始流行起來。

妮貝塔威王后

放大鏡
星形花

珠寶工匠在設計這頂王冠的時候，也許沒辦法下定決心到底是要星形還是花形的設計。

不管是哪一種，兩種其實都有正面的意義。星形的寓意，就是指「在夜空中閃耀的星星」，象徵著光明。若是花形的，則有美麗與香氣的意涵在內。

花朵與禿鷹組合

妮貝塔威王后（Nebtaouy）有一頂特別的王冠。王后戴著禿鷹頭飾，上面頂著一個插滿小花的花冠。

而這個禿鷹造型的用意，在於提醒世人王后的尊貴地位。

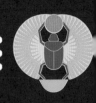

圖坦卡門的金面具

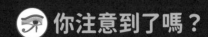 **你注意到了嗎？**

這張金面具你一定有看過！它是最能代表古埃及文化的經典文物。

面具原本是罩在圖坦卡門的木乃伊上面，在 19 世紀被霍華德・卡特以及他的贊助人卡那封伯爵所發現。而這整座陵墓裡，將近有重達 1500 多公斤的黃金呢！實在是非常驚人！

面具即法老肖像？

但是，這張面具到底是不是法老的肖像呢？

如果拿這張面具和其他藝術品作比較，會發現是同一張臉。法老的臉頰圓潤，嘴唇豐滿以及高挺的鷹鉤鼻，耳朵的形狀也大同小異。眼睛的部分，也用同樣的鑲嵌手法，配上亮眼的紅色，表現出法老活靈活現的感覺。

圖坦卡門的木乃伊金面具

有神性的材料

　　圖坦卡門的寶藏，絕大部分都使用了貴金屬，例如：黃金、白銀以及來自阿富汗一帶的青金石。這些材料在當時都非常稀有且珍貴，彷彿是集古埃及所有財富於一地的展現。究竟是為什麼，離我們 14 世紀遠的古埃及，能夠使用那麼多珍貴材料製作一位法老的陪葬品呢？因為這樣一來，即使法老去世後，也能以這些金銀財寶來保有法老的崇高地位。

　　古埃及人也特別為這些珠寶賦予神聖的意義。例如：黃金代表神的肉身、白銀象徵神祇的骨頭、青金石則是象徵神的毛髮（頭髮、眉毛以及鬍子）、橘紅色的瑪瑙石則是代表神發怒時眼睛的顏色。因此，當金面具罩在圖坦卡門木乃伊上時，法老也就化身成恆久不變、永不消失的神祇。

永恆的寶藏

　　圖坦卡門的陵墓考古挖掘工程長達好幾年。區區一個圖坦卡門的小墓室內，竟然有數以千計的文物。他身邊有日常器物的陪葬品、供奉用的物品以及喪葬用的物品。

　　這些物品裡面甚至有一個可以吹奏的銀製喇叭，以及另一個假的彩色的木製喇叭。不過在 1930 年，一位音樂家不小心在廣播節目中試吹時，把它弄壞了。雖然圖坦卡門的墓室遭到盜墓至少兩次以上，還好墓室裡的陪葬品數量實在非常龐大，所以還剩下好幾百件珠寶。這些都是古埃及考古學家持續研究的物件。至今，在圖坦卡門的墓穴裡還有許多待釐清的部分，等著我們去探索。

埃及雙女神

圖坦卡門面具的頭飾，除了尼美斯頭巾以外，上面也有著眼鏡蛇以及禿鷹頭。這兩種動物分別代表奈荷貝特禿鷹女神以及瓦吉特女神。眼鏡蛇女神代表北埃及，而禿鷹女神代表南埃及。兩個女神一同出現，則是代表上下埃及合一。

法老的鬍子

法老的藍色鬍子是像編辮子一樣以緞帶編織而成，表示法老是具有神性的。

通常緞帶編織的鬍子底端稍微彎曲，用來表示神祇或已故法老的形象。那如果鬍子紋路是用橫條線纏繞的話，那就表示法老還在世。

你在金面具上看到了幾位古埃及神？

A. 一位，只有圖坦卡門。

B. 三位，圖坦卡門、瓦吉特以及奈荷貝特禿鷹女神。

C. 四位，圖坦卡門、瓦吉特、奈荷貝特以及荷魯斯。

答：C（你應該也有看到眼鏡蛇中間了喔！）

阿蒙神與圖坦卡門

👁 你注意到了嗎？

這座黑色阿蒙神像原本應該是位於卡奈克神廟或是路克索神廟裡。我們可以從頭上戴的雙羽毛冠認出阿蒙神。鬍子編織成辮子是神祇的專有特徵，脖子上佩戴著項鍊，穿著短上衣以及百摺纏腰裙。雙手自然垂放在大腿上，兩手搭在站在他小腿前面的小型圖坦卡門像。之所以將法老縮小成迷你版，是為了要彰顯新王國的主神阿蒙神身兼底比斯守護神的重要性。

年輕法老與底比斯守護神

圖坦卡門（Toutânkhamon）在埃及文裡的意思為「活生生的阿蒙神」，也是古埃及歷史上唯一一位擁有這個名字的國王。他在位 10 年的輝煌統治時期，在多處進行了神廟與陵墓的修復，特別是卡奈克神廟。這座神廟在他父親阿肯納頓統治下，遭到嚴重破壞。

阿蒙神與圖坦卡門，藏於巴黎羅浮宮。

背對著祈禱

這座收藏在巴黎羅浮宮的雕像，雖然少了圖坦卡門的頭，但我們仍可以觀察到他的的雙手延伸到下半身中間。發揮你的想像力，想像法老的手交疊放在他的纏腰裙前面的手勢，其實是正在祈禱的動作。他頭戴尼美斯頭巾，胸前披著花豹皮草，腰上圍著一條三角形的褲裙，腳上穿著涼鞋。

但這裡令人納悶的是，如果法老是在向神祈禱，為什麼是背對著阿蒙神進行呢？事實上，這座雕像是專門做給觀者看的，故意要讓觀眾發揮想像力，想像圖坦卡門轉過身來，面向大神進行祈禱。而在卡奈克神廟裡，這尊法老與阿蒙同台的神像，將法老的祈禱刻畫成了永恆。

在圖坦卡門去世後，雕像遭到蓄意破壞，從這座雕像的毀壞程度看來，非常有可能是從高處被推到一個深坑裡。

蓄意破壞雕像

對古埃及人來說，蓄意破壞任何神祇或是人的雕象，都是一件罪大惡極的事，因為毀壞了一個人的雕象，等於將他在永生的世界裡完全否決，這類行為在古埃及是可以和謀殺相提並論的！而圖坦卡門正是遭受到這樣的對待，在拉丁文稱為「damnatio memoriae」的懲罰。字義上的意思就是「詛咒記憶」，也就是將記憶抹除的行為。這座雕像，有人將圖坦卡門的頭以及雙手砍斷，連阿蒙神的雙手難逃一劫。而在雕像後方刻有法老名字的地方，也直接將圖坦卡門從橢圓形的王名圈上塗掉。

阿蒙神到底是誰？

阿蒙在起初的古埃及神話裡是風神。而古埃及文裡，阿蒙（Amon）有「隱藏者」的意思。頭上那雙羽毛是祂的特徵。有時候若祂化身為阿蒙 - 拉的形象時，就會看到帽子中間會有一個太陽圓盤，是個重要又強大的古埃及神。

考古高手

為什麼圖坦卡門在歷史上遭到「記憶消除」？

A. 因為他曾經是個壞國王。
B. 因為他生前祈禱得不夠多。
C. 因為他是發起宗教革命法老阿肯納頓的兒子，因此也連帶遭到討厭。

答：C。

運送供品的侍女

你注意到了嗎？

看看這座梅克特陵墓裡最大的模型！這是一位侍女嗎？從她的外表與亮麗的裙子來看，應該不是！但是她卻沒有名字或稱號，也不太像是一位真正存在的人物。

這位雕像中的女性，其實是一位侍女，她負責送農作物以及供品到已故者的安息之地。在古王國時期，這些侍女人像在雕刻作品上隨處可見。不過後來古埃及人改用木雕的形式來製作。而我們眼前這座木雕，應該是被保存得最好的一個了。

典雅連身裙

這位年輕女性她身材高䠷、纖瘦，擁有一雙長腿，穿著一件貼身長裙。我們依據這樣的女性形象，可以推測出雕像應該是中王國時代藝術的典型代表。

最吸引人目光的，就是她那身連身裙上面的圖案。上半身的圖形是由條狀的珠子串所穿成，從腰部開始，是以黑、紅、綠、黃所組成的彩色羽毛圖案，手腕和腳踝則分別戴著手鍊與腳鍊。這種配色與款式，主要是神祇的衣著，目前古埃及學家認為這些小雕像也有可能代表伊西斯或是奈弗蒂斯女神。

紐約大都會博物館藏的獻果的侍女

顏色特殊的鴨子

這位年輕侍女用力地抓住鴨子的翅膀，讓牠緊貼在大腿旁邊。

這種鴨子是古埃及人養殖的鴨子，會以火烤的方式烹飪並拿來食用。通常是淺咖啡色的，眼睛、嘴巴和鴨蹼都是紅色的。

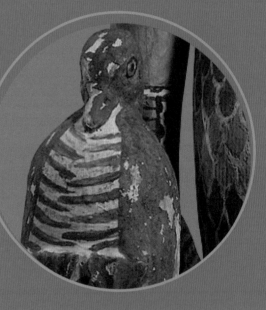

死者也需要吃飯！

這位小姐左腳擺出跨出去的姿勢，表示她有任務在身，而她的任務就是把食物運到死者身邊。

通常不需要工作的貴族女性，雙腳會呈併攏的姿勢。但這位侍女左手撐著一個大籃子頂在頭上，右手從鴨子的翅膀抓起，將牠拎著。籃子裡裝滿了肉塊，還有一隻小牛或是小羊的腳露了出來！

古埃及人習慣把「被裝箱」或是「包裹」的物件以寫實的方式直接顯露出來。因為，如果沒看到物品，就表示它不存在。有時候也可以看到一個密封的盒子上方放了一雙涼鞋，或是衣物櫃上放了堆衣物。只要是被藏起來或蓋起來的物品，都要讓它們實體「穿越」，呈現在眾人面前。不過，這裡露出動物小腿的表現方式並不是那麼「真實」，因為埃及那麼熱的國家，那種天氣將新鮮肉品曝曬在陽光下，一定是一大堆蒼蠅在上面飛來飛去吧。

考古高手

這位侍女所運送的是什麼？

A. 牛肉與鴨肉。

B. 啤酒和葡萄酒。

C. 蜂蜜和椰棗蛋糕。

答：A。

陵墓的侍者們

 你注意到了嗎？

　　古埃及人就有將運送供品的侍者製作成雕像的習慣，並把它們放進墓中作為陪葬品。這些雕像通常是麵包師傅和釀造啤酒的工人們在工作的模樣，有男有女。到了中王國時期，開始製作更複雜的模型，出現了第一個做成木棒形狀的侍者人俑。古埃及人將這些人偶稱為巫沙布提俑（chaouabti），直接的意思可以翻譯成「一段木頭 」，因為古埃及人就是用木頭直接來雕出人俑。不過在大約西元前 1000 年前開始，這個詞漸漸延伸出「那些回應的人 」的意思。因為這些侍者的主要任務就是回應死者需求，為他們運送供品的人。由於木俑的數量過多，通常會被收進盒子裡，妥善保存。

古埃及故事

　　西元前 200 年前，古希臘羅馬作家琉善（Lucien de Samosate）寫了一段有關埃及的故事。

　　有一位古埃及魔法師能夠將一支掃把變成侍者，擁有能力把掃把變成侍者的魔法師，讓這些侍者在白天為他煮飯做家事。當工作執行完畢，魔法師會再次將它們變回掃把。有一天，魔法師的學徒聽到師父念的咒語後，躍躍欲試。沒想到一試就成功！不過，學徒卻因為沒有聽到怎麼讓掃把變為原樣的咒語，不知道要怎麼把他們停下來，而陷入了恐慌之中。他拿起斧頭朝著侍者一劈，掃把變成了兩半木頭，紛紛站了起來，原先的一個侍者變成了兩個侍者！驚慌失措的學徒拚命地用斧頭一直砍，侍者反而就越變越多，多到整個房間都是。幸好這時魔法師即時回來，施法將這一場鬧劇停了下來。當然學徒被臭罵了一頓。

　　這個故事是不是有點熟悉呢？另外一個近代的版本是由法國作曲家保羅‧杜卡於西元 1897 年寫成的曲子〈魔法師的學徒〉（L'Apprenti sorcier）。

賽提一世的巫沙布提俑

高索申墓裡人俑收納盒

侍者的工作任務

　　這些巫沙布提俑就是死者的**複製替身**，代替死者從事來世的工作，畢竟來世就是現世的平行世界。為了避免被派發到運河邊清理、做苦工，就會將這些侍者派去做這些苦差事。所以呢，只要擁有越多名侍者，死者就越清閒。有些法老還真的因為害怕到了來世還需要去工作，因此請人製作了數千的小人俑與他陪葬。法老的算盤打得真是精明呢！

　　圖裡巴黎羅浮宮所收藏的藍色雕像是法老賽提一世的。賽提一世就是拉美西斯二世的父親。他被包在一條裹屍布裡面，手上拿著農業用的工具，頭戴尼美斯頭巾來表示他的王室地位。

417 位侍者

在西元前 1000 年前的一篇刻在石頭上的文章裡，提到了死者擁有巫沙布提俑的數量。計算的方式非常精確，方法如下：基本上每天需要一位侍者來代替工作，所以一年365 天就需要 365 個小人俑。而古埃及人的曆法裡，一個星期為 10天，一年就有 36 個星期，所以要再加上 36 個。一年有 12 個月，所以加上 12 個。再來，季節分三季，加上 3 個。最後，還有一個侍者要代表一整年，再加 1 個。所以總共是 365+36+12+3+1，等於 417。

放大鏡
手冊的詳細說明

這裡不用擔心找不到巫沙布提俑的使用說明書！賽提一世的人俑下半身整個寫滿了古埃及象形文字。這裡所寫的就是《死者之書》的第六章，用來在來世喚醒侍者的咒語。

侍者手上的農具

他的兩隻手拿著非常實用的農耕工具，一個鋤頭用來鋤地，另一個用來挖出播種的土溝。也有許多侍者身上會背著一個用裝東西的小後背包呢！

121

華麗的塞提一世陵墓

你注意到了嗎？

圖中這片壁畫服雕目前藏於法國巴黎羅浮宮博物館。西元 1817 年 10 月 16 日，義大利探險家喬凡尼・巴蒂斯塔・貝爾佐尼（Giovanni Battista Belzoni）在埃及的帝王谷發現了**塞提一世**（Séthi Ier）的陵墓。這應該是他一生中最幸運的一天了吧！這是所有陵墓中最美麗的一座，也是最長的一座了。

女神哈索爾與塞提一世

塞提一世以左腳向前跨出一步朝他的陵墓走去。而左邊女神的身分，可以由太陽圓盤和眼鏡蛇所組成的王冠，以及頭頂上刻有「城堡中的獵鷹」的圖形來識別，這位就是**哈索爾女神**。女神的右手正在向鍊塞提一世遞上一條門納項鍊，左手牽著法老。

哈索爾女神在喪葬中扮演著非常重要的角色，主要是引導死者的靈魂進入來世。

女神與法老的身體比例，在構圖上表現出微妙的平衡，而他們眼神交會的樣子，更凸顯出兩人之間的情感以及正在進行的儀式。 其實，我們看到的是愛情和音樂女神正在恢復法老的壽命的情景。

哈索爾女神正在迎接塞提一世。

華麗裝扮

拉美西斯二世的父親塞提一世在位時，可以說是相當輝煌的時代，以致當時的藝術作品能說是最華麗也是最精緻的。看看圖中的象形文字浮雕，各個細節都精雕細琢。在拉美西斯家族統治的王朝中，太陽的顏色如紅色和黃色都是代表**尊貴的顏色**。這也能解釋為什麼壁畫裡到處都是黃色，而藝術家與工匠們選用紅色作為女神的皮膚色。

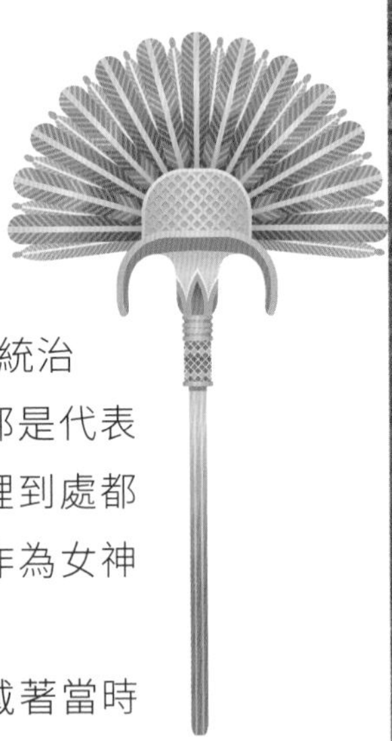

哈索爾女神頭上戴著當時非常流行的多層假髮，有著眼鏡蛇形的耳環。法老身上也穿了非常華麗的衣物，壁畫上所表現出的紋路，應該是一種非常細緻的亞麻紗。

不知道你有沒有發現，圖片上人物的身體皆些微地超出了邊框呢？這可是特別在細節上巧妙安排的喔！這樣的藝術表現手法，就好像人物要走出來一般，使畫面更加栩栩如生、引人入勝。

既是項鍊也是樂器

對於門納項鍊細節上的處理，可以說是藝術家對於這面壁畫，在工藝上的極致追求。

其實，和哈索爾女神有關的樂器，是用於打節拍的叉鈴。而在這裡，藝術家將門納項鍊的形狀和哈索爾女神的叉鈴，兩種物品做了一種巧妙的結合。

放大鏡

女神的祝福

門納項鍊並不是女神送給法老的唯一禮物。如果仔細觀察，會發現祂身上穿著用橙色串珠織成的長袍，裡頭藏有一些祭祀祈禱文。而這些文字對於統治者來說，就是最大的祝福！在這裡女神給予的祝福，意義是在賜予法老永恆的時間！

考古高手

哪些顏色對於拉美西斯王朝來說是尊貴的顏色？

A. 綠、黑兩色，是綠葉與大地的顏色。
B. 紅、黃兩色，是太陽和光的顏色。
C. 藍、白兩色，是天空與純淨的顏色。

答：B。

帝王谷

塞提一世的墓室壁畫

你注意到了嗎？

　　塞提一世的墓室，天花板是以黃色與深藍色繪製而成，其中的紅色圓點用來表示特定星星的位置。古埃及人對於天象、星體運動的知識有深入的研究。在神廟中，有專攻天文學的神職人員，這樣的天文知識就是經由好幾世紀的積累而成。

　　而他們會將這些星空圖畫在陵墓中。北方的星星被稱為「不朽星」，是永恆的象徵。天空女神努特的身形有時也會被畫出來。

　　不過這裡的天花板壁畫分為兩部分，其中一部分是個大型表格，而另一部分則是下排的人物圖，上排表格的星體名稱與數量和下面的人物相互呼應。

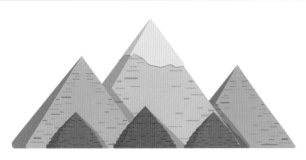

山谷中的陵墓

我們知道，帝王谷是新國王時期的法老墓地。根據統治時間的長短，墓室有大有小。像是拉美西斯一世就只有一個小房間，而塞提一世則是有非常深的墓室。而負責整個工程的挖鑿以及裝飾的，正是來自麥地那村的工匠們。

由於沒辦法總體規劃哪裡為新的陵墓位置，工人偶爾會挖到古老的陵墓。而在這種情況發生時，他們會把洞補起來，稍微往旁邊移一下，繼續動工。

拱形墓室

法老塞提一世的陵墓就是一條深入山脈中間的長廊，所以有時候需要樹立許多方形柱子去加強結構。

王室的石棺通常是用一塊半透明的方解石雕刻而成，並放在一有拱頂的墓室中，而墓室的牆上繪畫充滿宗教場景。這樣一來，重生時的法老就可以被眾神圍繞。

太陽之戰

法老在去來世的旅途中，會受到刻在壁畫上葬祭之書裡文字的幫助。這些大型的壁畫包含了〈冥界之書〉以及〈門之書〉。兩部內容描寫的是類似的故事，也就是太陽從日落到黎明的過程。

在進入到另一個世界以後，太陽乘船穿越陰間，每過一小時或是通過一扇門就需要禱告或是與惡勢力搏鬥。沒錯，結局大家都猜得到，太陽無往不利，到了第二天就會重生在大地上，而法老就如同太陽一樣！

帝王谷裡通往拉美西斯五世以及六世的墓室的長廊

放大鏡
有雙翅膀的女神

在天花板的最頂端，奈芙蒂斯女神張開雙翅，跪在地上。這幅圖像其實是引用了歐西里斯神重生時，兩姐妹揮動翅膀，為他恢復呼吸的場面。而伊西斯在墓室的另一端，正在重新為塞提一世演出搶救歐里西斯的這一幕。

天空中的大公牛

天花板上的大公牛叫作麥塞克提烏（mesekhtiou），通常也會以一隻腳的形式來表示。而其實這就是與北斗七星相連的大熊座的象徵喔！

考古高手
天空女神的名字為何？

A. 努特

B. 姆特

C. 普

保命手冊——「死者之書」

↑ 抄書吏胡內弗（Hounefer）的〈死者之書〉節錄，藏於英國大英博物館。

👁 你注意到了嗎？

　　〈死者之書〉並不是葬祭文的正式名稱。事實上古埃及的葬祭文叫作〈來日之書〉（又作〈通往光明之書〉）。〈死者之書〉的功能並不是傳說中能夠喚醒木乃伊的咒語，而是寫滿了祈禱文與咒語，希望能夠保護死者避免受到威脅，幫助死者能夠順利抵達來世，並成功轉世，繼續的在人世間生活。

死亡，是生命的起點

對於古埃及人來說，死亡並不是終點。恰好相反，正是一個能夠在美麗的新世界展開新生活的起點。在那裡樹木結滿了果實，更有吃不完的大麥小麥。要到達到來世樂園，死者必須經過一連串的考驗，包括死者的審判。在那裡，死者的心臟會被放到天秤上測量，如果兩邊平衡一樣重，那麼死者就有資格能夠進到歐西里斯所掌管的冥府。

〈死者之書〉的書寫並沒有統一規定，一切由死者自己選擇的葬祭文為主。每種死者之書的莎草紙也都不相同。

小型儀式

抄書吏胡內弗〈死者之書〉節錄畫面為一場發生在墳前的喪葬儀式：儀式在有著小金字塔形狀的禮拜堂前舉行。一名戴著阿努比斯面具的祭司，雙手正扶著木乃伊。而木乃伊前有兩名女子在哭泣，其中一位是胡內弗的寡婦納莎（Nasha）。後面的三名祭司正拿著各種瓶子、香爐以及器具進行儀式，其中最後那位是身穿豹皮的喪葬祭司。在下排有兩名侍者正將肉品端到供桌前，他們前面有著一只儲藏食物的箱子，以及擺滿了儀式用具的桌子。

家中婦女的悲痛

兩位女子在木乃伊棺材前，一手觸摸棺材，另一手放在額頭上面。這是在哀悼親人逝去、表示極度悲傷的手勢。

「開口儀式」

在將木乃伊放入墓室之前，負責喪葬的祭司會進行「開口儀式」。其中包含將一把雕刻用的手斧高舉到死者面前。這種工具整體呈彎曲狀，具有金屬刀片，通常用在刮除物品表層。喪葬祭司會以手斧輕輕劃棺材上所繪的耳朵、眼睛、鼻子和嘴巴，以便死者能夠在來世中恢復感官，象徵完成了一座完美雕像的最後一個祈福步驟。

儀式所使用的器具

穿著豹皮的祭司手上拿著兩種不同的器具。左手高舉「荷魯斯之臂」，一隻長長的金屬手臂，前端有一個可以用於燃燒香膏的小碗。右手則是拿著獻祭瓶，把水灑到他前面擺放的食物供品上面。

考古高手

數數看，在畫面當中總共有多少把「手斧」呢？

A. 三把

B. 六把

C. 九把

答：B。

圖解兒少埃及古文明

作　　者　班妮迪克・洛瓦耶
審　　訂　蒲慕州（香港中文大學歷史系講座教授退休）
翻　　譯　黃　翎
主　　編　王衣卉
行銷主任　王綾翊
全書設計　evian

總 編 輯　梁芳春
董 事 長　趙政岷
出 版 者　時報文化出版企業股份有限公司
　　　　　108019 臺北市和平西路 3 段 240 號

發行專線　（02）2306-6842
讀者服務專線　0800-231-705・（02）2304-7103
讀者服務傳真　（02）2304-6858
郵撥　19344724　時報文化出版公司
信箱　10899 臺北華江橋郵局第 99 信箱
時報悅讀網　http://www.readingtimes.com.tw
電子郵件信箱　yoho@readingtimes.com.tw
法律顧問　理律法律事務所 陳長文律師、李念祖律師
印刷　和楹印刷有限公司

初版一刷　2023 年 12 月 8 日
定價　新臺幣 480 元

Les Pharaons expliqués aux enfants by Bénédicte Lhoyer
© Larousse 2022
This edition is published by arrangement with EDITIONS LAROUSSE
Through Peony Literary Agency.
Complex Chinese edition copyright © 2023 by China Times Publishing Company
All rights reserved.

圖解兒少埃及古文明/班妮迪克.洛瓦耶(Bénédicte
Lhoyer)作；黃翎譯. -- 初版. -- 臺北市：時報文化
出版企業股份有限公司, 2023.12
128面；21x26.5公分
譯自：Les Pharaons expliqués aux enfants.
ISBN 978-626-374-687-9(平裝)

1.CST: 埃及史 2.CST: 通俗作品

761.1　　　　　　　　　　　　　　112020102

ISBN 978-626-374-687-9
Printed in Taiwan

森林，我們的家

作　　者　莎拉·費南德斯（文／繪）；索妮雅·羅伊格（文）
審　　訂　林政道（國立臺灣大學森林環境暨資源學系副教授）
翻　　譯　劉家亨
主　　編　王衣卉
校　　對　曾韻儒
行銷主任　王綾翊
全書設計　evian

總 編 輯　梁芳春
董 事 長　趙政岷
出 版 者　時報文化出版企業股份有限公司
　　　　　108019 臺北市和平西路 3 段 240 號

發行專線　(02) 2306-6842
讀者服務專線　0800-231-705・(02) 2304-7103
讀者服務傳真　(02) 2304-6858
郵撥　19344724　時報文化出版公司
信箱　10899 臺北華江橋郵局第 99 信箱
時報悅讀網　http://www.readingtimes.com.tw
電子郵件信箱　yoho@readingtimes.com.tw
法律顧問　理律法律事務所 陳長文律師、李念祖律師
印刷　和楹印刷有限公司

初版一刷　2023 年 9 月 15 日
定價　新臺幣 480 元

森林,我們的家/莎拉.費南德斯, 索妮雅.羅伊格作
; 莎拉.費南德斯繪 ; 劉家亨譯. -- 初版. -- 臺北市 :
時報文化出版企業股份有限公司, 2023.09
100面 ; 21×26.5公分
譯自 : El bosque es nuestra casa.
ISBN 978-626-374-329-8(精裝)

1.CST: 森林 2.CST: 森林生態學 3.CST: 通俗作品

436.12　　　　　　　　　　　　112014760

ISBN 978-626-374-329-8
Printed in Taiwan

歐洲栗

蜜蜂

歐洲冷杉　松樹　山楂

蜂箱

櫟樹

車前草

苔

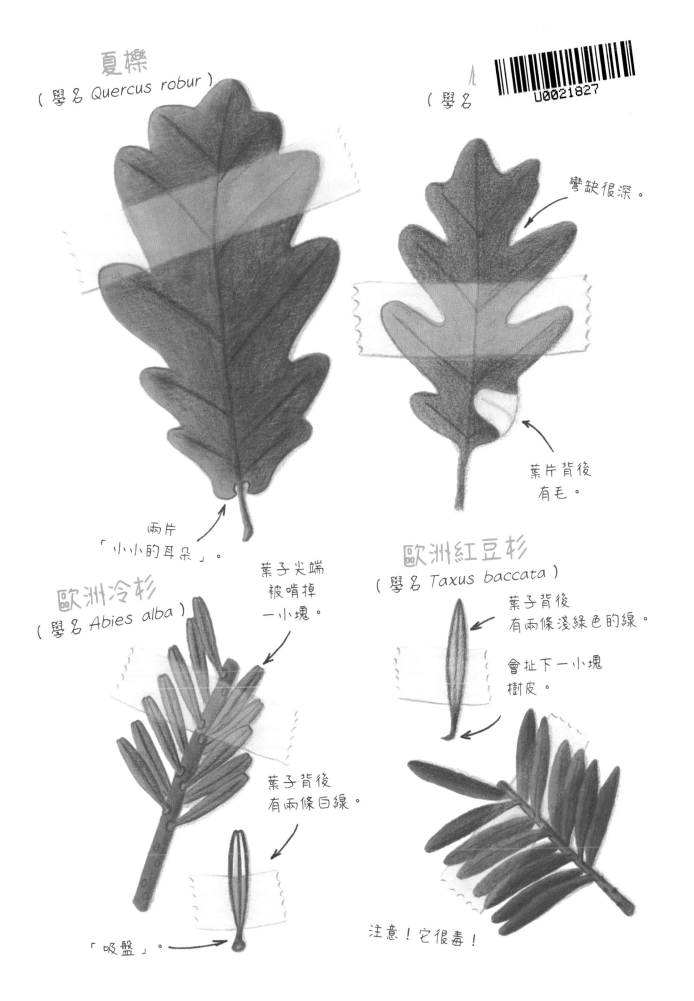

夏櫟
(學名 Quercus robur)

(學名

彎缺很深。

兩片
「小小的耳朵」。

葉片背後
有毛。

欧洲冷杉
(學名 Abies alba)

葉子尖端
被啃掉
一小塊。

欧洲紅豆杉
(學名 Taxus baccata)

葉子背後
有兩條淺綠色的線。

會扯下一小塊
樹皮。

葉子背後
有兩條白線。

「吸盤」。

注意！它很毒！